Frauke Abičic´

Perücke oder Kiste?

© Frauke Abičic´
3. Auflage 2010
Herstellung und Verlag:
Books on Demand GmbH, Norderstedt
ISBN 978-3-8391-6826-4

Prolog

Ich erkrankte am 24.04.2008 an Brustkrebs. Die Erkrankung Krebs ist eine „tod-ernste" Angelegenheit, grundsätzlich gesehen gibt es wirklich daran nichts Lustiges, aber alle Randbedingungen oder gar Begebenheiten waren manchmal so komisch, dass ich mir auf die Oberschenkel hätte klopfen und mich hätte schlapp lachen können. Und so werde ich auch meine Krebserkrankung beschreiben bzw. berichten. Komische Dinge habe ich erlebt, aber auch hieraus kann Wissen gezogen werden. Außerdem hoffe ich, dass ich dieses Wissen nie wieder brauchen werde, aber vielleicht anderen Betroffenen damit behilflich sein kann. Zumindest habe ich „meinem" Krebs den Kampf angesagt. Ich werde nicht still und leise aufgeben, nein, werde meinem Krebs sein eigenes Leben schwer machen und dessen Leben beenden. Denn dieser Krebs „lebte"...

Alle Namen habe ich geändert, damit sich kein Arzt oder sonst wer auf den Schlips getreten fühlt. Also Ähnlichkeiten von Personen oder Orten, die Ihnen vielleicht bekannt vorkommen, sind rein zufällig.

Eins darf aber nicht fehlen!
Mein Dank ...

Mein tiefster und innigster Dank gilt meiner Familie und meinen engsten Freunden. Aber auch Kolleginnen und Kollegen waren oder sind wirklich tolle „Kumpel oder Kumpelinen". Ohne all meine Liebsten hätte ich nirgendwohin die Kurve gekriegt.

Es fehlen mir dazu die passenden Worte, um Euch all den Dank zu sagen, den Ihr verdient hättet und der nötig wäre, aber dafür lest einfach alle dieses Buch!

F.A.

Kapitel 1

Das Jahr 2008 fing irgendwie schon käse an, denn meine Mutter schwächelte mit nun schon über 80 Jahren so leicht vor sich hin. Meine Mutter klagte über Magenschmerzen, und sie leide sehr unter Sodbrennen. Hierzu konsultierten wir ihre Hausärztin, sie bekam so einige Medikamente, aber so wirklich bekamen wir es nicht in den Griff, und ich machte mir immer mehr Sorgen.

An mich selbst dachte ich in dieser Zeit nicht. Dabei war irgendwie bei mir was anders, was, kann ich nicht sagen, aber eine innere Stimme sagte mir: „Frauke, etwas stimmt nicht – kümmere dich", aber ich „hörte" nicht auf meine innere Stimme. Erstmal musste ich mich um meine Mutter kümmern.

Am 02.02.2008 hatten wir unseren alle vier Wochen stattfindenden Spielabend bei meinem Sandkastenfreund Josef, und wir wollten in meinen Geburtstag „hinein" spielen, denn am 03.02. sollte ich nun 49 Jahre alt werden. Eine Feier hatte ich nicht geplant, denn mein fünfzigster Geburtstag nahte nun ja, und da wollte ich es so richtig krachen lassen; dass ich den ebenfalls ausfallen lassen musste, wusste ich ja bis dahin noch nicht.

Sehr weit kamen wir aber an diesem Spielabend nicht, denn meine Mutter rief weinend an, sie habe solche Magenschmerzen und wisse sich nicht mehr zu helfen. Am liebsten hätten mich all meine sechs Freunde begleitet, aber das ging ja nicht, so dass mein Freund Lutz und ich uns sofort auf den Heimweg machten. Toll, wir hatten schon mehrere Biere intus, so dass die Sanitäter bestimmt eine tolle Meinung von mir bekamen. Ich versuchte mich zu erklären, aber das hätte ich mir auch klemmen können, davon abgesehen ging nun meine Mutter aber auch vor. Nach der Einlieferung und einigen Voruntersuchungen sagte meine Mutter: „Fraukilein, es tut mir so leid – herzlichen Glückwunsch mein Kind." Es war nun bereits nach 24 Uhr.

Bei meiner Mutter wurde am nächsten Tag eine Magenspiegelung durchgeführt, aber diese Untersuchung war ohne Befund, so dass meine Mutter wieder nach Hause kam. Einerseits war ich sehr froh, aber andererseits waren wir nun da, wo wir uns vorher befunden hatten, denn meine Mutter klagte immer noch über Beschwerden. Genau genommen haben die Ärzte oberflächlich gearbeitet, denn sie hätten suchen müssen! Auch die Hausärztin war unzufrieden mit dem Ergebnis, und das Unglück nahm weiter seinen Lauf.

Hm, dachte ich, warten wir mal ab. Ich war auch sehr unentschlossen zu weiteren Untersuchungen aus Angst, dass sie etwas bei meiner Mutter finden könnten. Ich liebe meine Mutter sehr, und sie ist von meinen Eltern nur noch die Einzige, die mir geblieben ist. Ich weiß, ich weiß, was ihr sagen wollt, deine Mutter hat doch schon ein tolles Alter erreicht. Sicherlich, aber ich möchte sie noch weiterhin behalten, also scheute ich jede weitere Untersuchung. Knapp vier Wochen später klagte meine Mutter über so starke Schmerzen, dass ich erneut einen Notarzt rufen musste. Dieser tippte auf einen Herzinfarkt, und ich bekam bei der Aussage vor lauter Schrecken schon fast einen solchen! Meiner Mutter wurden in dieser Nacht zwei Stents gelegt, und am Folgetag war sie komplett aus der Spur. Sie sah Leute, die schon lange tot waren, sprach mit ihnen – und ich drehte dabei fast völlig durch. Dachte, dass war es nun, meine Mutter erkennt mich nicht mehr! Der Arzt sagte mir allerdings, keine Panik, dass sei bei älteren Menschen bei solch einem schweren Eingriff immer so, morgen – also am nächsten Tag – sei sie wahrscheinlich wieder „wie vorher". Na, ich war da skeptisch, aber es stimmte! Gott, habe ich mich gefreut. Endlich schien sich alles wieder zu normalisieren.

So dachte ich ...

Meine Mutter erholte sich gut und schnell, so dass ich sie bald nach Hause holen konnte. Auch hier gäbe es so einige wunderliche Dinge über das Krankenhaus zu berichten, aber dann komme ich zu sehr vom Thema ab, so unterlasse ich dazu nähere Ausführungen. Glücklicherweise wohnen meine Mutter und ich nur zwei Blocks voneinander entfernt, so dass ich immer schnell nach dem Rechten schauen kann. Und auch bis hierhin habe ich die Warnzeichen meines Körpers nicht beachtet. Was macht es auch schon, wenn man mal Haare verliert, die eine Brust förmlich „kocht" und die andere eiskalt ist. Ich schob alles auf die „wahrscheinlich" vorhandenen oder vielleicht kommenden Wechseljahre. Die Pille hatte ich im November/Dezember 2007 aus einem inneren Antrieb heraus abgesetzt, aber bis März 2008 setzte die Periode nicht von allein wieder ein. Und wie der Zufall es so will, hätte ich schon längst zur Krebsvorsorge seitens meines Frauenarztes Dr. Messer angeschrieben werden sollen. Finde ich immer sehr praktisch, so kann man keinen Termin versäumen, aber warum klappte es in diesem Jahr nicht?

Nachdem ich nun meine Mutter so einigermaßen wieder gesund zu Hause hatte, rief ich bei meinem Frauenarzt an und fragte nach. Hm, da muss wohl die Technik versagt haben, warum auch immer, es wurde versäumt, ob nun menschliches Versagen dahinter steckte oder wirklich die Technik versagt hatte, ich werde es wohl nie erfahren. Gut, dass ich nachgefragt hatte, eine Erinnerung hätte mich demzufolge nie erreicht, und so machte ich direkt bei meiner Rückfrage einen Termin zur Krebsvorsorge aus. Komisch, das war das erste Mal, dass ich ein ungutes Gefühl hatte.

Da die Arztpraxis auf meinem Weg zur Arbeit liegt – es war im März 2008, nehme ich immer gern morgens den ersten Termin um 7.15 Uhr. So kann ich im Anschluss direkt zur Arbeit weiterfahren, aber diesmal kam alles anders. Ich fragte erst den Arzt, warum ich nicht angeschrieben wurde; er wolle es prüfen. Durch die nun folgenden Umstände erfuhr ich bis heute nicht, warum die Erinnerung an mich versäumt worden war.

Zuerst, wie uns allen Frauen bekannt, kleiner Smalltalk und Fragen, wie: Beschwerden, irgendwas Ungewöhnliches etc. wurden besprochen.

Ja, da war was … Wie anfangs beschrieben, Periode seit dem Absetzen der Pille hätte nicht eingesetzt, die linke Brust „kocht" – so empfand ich es – und Haare würden mir ausfallen. Hitzewellen würden mich erfassen, also normales Schwitzen könne es doch wohl nicht sein, schließlich hätten wir März, da schwitzt man ja nicht wie eine Blöde!

Tja, meinte Dr. Messer, das klingt ganz typisch wie der Beginn der Wechseljahre!

Wechseljahre? Ich bin doch noch nicht mal 50 Jahre alt!

Außerdem fühlte und fühle ich mich noch jung, was erzählt der da?

Er schaute mich irgendwie mitfühlend an. Dachte wohl: Na, die Gute kann sich wohl mit ihrem Alter auch nicht abfinden. (Recht hat er wohl.)

Es folgte die Untersuchung, und Herr Dr. Messer stellte etwas im Unterbauch fest.

Hm, da ist etwas im Uterus, was da nicht hingehört. Da meine Periode nun seit Monaten nicht eingesetzt hatte, könnte es eventuell daher kommen, oder es ist ein Myom, Zyste oder gar ein Tumor. Toll, dass war genau das, was ich im Moment gebrauchen konnte. Mutter zwar wieder einigermaßen fit, aber in der Firma machten wir Überstunden. Irgendwelche weiteren Untersuchungen passten mir überhaupt nicht in den Kram! Aber Unangenehmes kommt ja nie passend. Zumal mein „kleines" Problem mit der linken Brust ja noch nicht geklärt war – hatte ich ja noch gar nicht erwähnt. Herr Dr. Messer untersuchte auch diese, konnte aber in dem Moment nichts Auffälliges feststellen. – Auch gut.

Herr Dr. Messer meinte, die Sache im Unterbauch müsse unbedingt abgeklärt werden. Da erwähnte ich dann doch mal wieder leise meine linke Brust, da war ja doch etwas komisch. Gut, meinte er, dann machen wir einen neuen Termin zur Brust-Ultraschalluntersuchung, was mich 30 Euro kosten würde, aber nicht heute, da dieser Termin für denselben Tag nicht vorgesehen war. Kein Problem, war mir sogar recht, so hatte ich noch Aufschub. Außerdem war Herr Dr. Messer recht zuversichtlich, dass das „Ding" im Unterbauch vielleicht, aber auch nur vielleicht! – in den nächsten Wochen von allein verschwinden werde. Käme mir natürlich sehr gelegen, so brauchte ich mir nur einen Kopf um meine linke Brust zu machen. Irgendwie schob ich erstmal alles weit von mir. Schwupp – und schon waren auch mit viel Überstunden die besprochenen sechs Wochen um, so dass mein nächster Termin bei Herrn Dr. Messer schon gefährlich nah war. Mir war ganz mulmig, aber Augen zu verschließen bringt mich auch nicht nach vorn, also nix wie hin. (Das Herz aber in der Hose …)

Erst wurde wieder der Unterbauch untersucht, leider hatte sich „dieses Ding" nicht von allein verflüchtigt. Schade aber auch! Ich fragte nach, was nun? Tja, Frau Sowieso, dies sollte nun doch in einem Krankenhaus stationär abgeklärt werden. Zu Deutsch: operieren … Mist …

Nun kamen wir zum Ultraschall der Brust. Mein Herz schlug mir bis zum Hals, denn ich hatte ja ein total ungutes Gefühl. Die rechte Brust wurde noch während des Schallens durch Herrn Dr. Messer verkommentiert, aber bei der linken kehrte verdächtige Ruhe ein. Mein Herz schlug noch schneller und lauter, da ich Angst hatte vor dem, was er nun vielleicht sagen wird.

Ab jetzt kann ich nur noch sinngemäß die Worte wieder geben, da alles vor lauter Schock an mir vorbeigerauscht ist.

Sollte ich etwas sehen, werde ich sie informieren. Prima, dachte ich und schon sagte er: Hier ist etwas, was hier nicht hingehört. – Das sieht nicht gut aus – das ist nicht nur eine Zyste oder eine Milchdrüse, das ist – er untersuchte weiter – und sagte: „Das hat einen Namen." Mir dröhnte der Schädel, mein Herz hüpfte mir vor lauter Schlagen schon fast aus dem

Hals! Wollte ich es hören? Diesen Namen? JA!! –
Packen wir es an! (Im Stillen ganz, ganz leise in mir
dachte ich, och, vielleicht lieber doch nicht …) Das
ist ein gut versteckter Tumor, der nicht gutartig ist
und Krebs heißt, das erkenne ich sofort, sagte Herr
Dr. Messer. Er erzählte noch, dass er viele Jahre auf
der Krebsstation im Antonius-Krankenhaus gearbeitet habe bis er in die Selbstständigkeit gegangen
sei. Sorry, das rauschte an mir vorbei, denn in mir
brach eine Welt zusammen.

In einem Zeitraffer lief während dieser banalen
Worte mein Leben an meinem inneren Auge vorbei.
Was ist mit dem Jetzt und mit der nächsten Zeit?
Urlaube waren geplant und gebucht, meine Mutter
musste versorgt werden, wie bringe ich es ihr überhaupt bei? Was ist mit meiner Arbeit, wenn ich jetzt
ins Krankenhaus muss? Anscheinend für die Dauer
von zwei Operationen. Was heißt zwei Operationen,
Krebs kann bzw. ist häufig ja auch tödlich – was
mache ich? Mit diesem einen Wort stand mein Leben nun völlig auf dem Kopf, und nichts, aber auch
absolut gar nichts, war mehr so wie vor 10 Minuten.

Kapitel 2

Ehrlich gesagt hatte ich aber für Krebs gar keine Zeit, habe meine Arbeit, die ich liebe, habe privat auch genug Aufgaben – Krebs? Mich damit auseinandersetzen? Hm, muss ich wohl ...

Nun sollte seitens Dr. Messers sofort ein Termin zur Mammographie gemacht werden. Ja, da werde ich mich drum kümmern. Dr. Messer schaute mal wieder ganz mitleidig, er meinte: „Keine Zeit, ich mache sofort einen Termin." Himmel, hatte der es eilig – schien wohl schlimmer zu sein, als ich dachte. Und mir wurde noch wärmer. Direkt am nächsten Tag um 13 Uhr an einem Donnerstag, den 25.04.2008 hatte ich den Termin zur Mammographie.

Es war jetzt aber immer noch Mittwochmorgen, und ich musste zur Arbeit. Herr Dr. Messer hätte mich sofort krankgeschrieben, aber da wäre ich wohl zu Hause verrückt geworden. So schob ich schweren Herzens zur Arbeit ab.

Dort arbeitete ich erst mal wie hypnotisiert und still vor mich hin. Stunden später rief ich meine Kollegin Ute zu mir. Ich erzählte ihr kurz und unter Tränen, was ich heute Morgen erlebt hätte. Was sollte Ute sagen? Sie war platt und betroffen und meinte, informiere unseren Chef. Gesagt – getan, auch er war völlig überrollt. Na, selbst ich war ja noch weit – sprichwörtlich – vom krausen Bäumchen entfernt! Ich war komplett aus der Spur geschlagen und eierte nur herum. Auch wenn ich der Firma vielleicht in der kurzen Zeit keine Bereicherung war, aber mir half es, mich abzulenken, denn zu Hause hätte ich „am Rad gedreht".

Die Nacht von Mittwoch auf Donnerstag war eine Katastrophe. Geschlafen habe ich gleich null. Ich weiß schon gar nicht mehr vor lauter Schockzustand, wann ich meiner Familie oder meinen Freunden die Hiobsbotschaft erzählt hatte. Am Mittwoch oder gar Donnerstag? Keine Ahnung, ich befand mich im völligen Ausnahmezustand.

Den Donnerstagvormittag – den ich so als Statistin in der Firma verbrachte, da fragte mein Vorgesetzter tatsächlich, allerdings bereits selbst verneinend, ich würde wohl zwecks Überstunden Samstag nicht kommen wollen, oder? „Wollen" war gut!!! Natürlich wollte ich! Tausendmal lieber als zum heutigen Mammografie-Termin – und mit dem, was dann evtl. folgt. Ich hätte sogar umsonst gearbeitet, wenn ich dadurch die Krankheit hätte abstreifen können. Also was für eine Frage ... Aber ihm sei verziehen, er war sicherlich genauso überrollt wie ich und erkannte noch gar nicht die Tragweite. Die erkannte ich ja selbst nicht.

Ich trabte dann wie ferngesteuert zu dieser Mammografie. Nun bin ich nicht die Gläubigste, aber ich glaube schon, dass es ein höheres Wesen gab oder gibt, als uns Menschen. Ich hätte jeglichen Deal veranstaltet, um nun aus dieser Nummer herauszukommen – ich hätte auch einen Pakt mit dem Teufel geschlossen, aber ich schloss dieses Bündnis doch lieber ganz still mit dem lieben Gott. Sollte ich irgendwie noch eine Chance bekommen, dann würde ich sofort meine heißgeliebten Zigaretten weglegen und mich auf eine dringend notwendige Diät setzen. Bis zu dem Tag hatte ich all dies weit von mir geschoben und sah – ehrlich gesagt – zu all dem keine Veranlassung.

Der Ablauf der Mammographie war mir bekannt, so dass ich nicht ganz so angsterfüllt war. Angenehm ist der Vorgang zwar nicht, aber auszuhalten und kurz. So dachte ich, aber auch hier war diesmal alles wieder anders. Ich war schon längst wieder angezogen, da hieß es, die Aufnahmen seien nicht ausreichend, also wieder ausziehen. Keine Ahnung, wer da nun versagt hatte, ich musste den Vorgang erneut über mich ergehen lassen. – Dann hieß es wieder warten. Ich hörte im Wartezimmer, wie der Arzt seine Diagnose oder auch seinen Bericht auf Band sprach und mein Name dabei fiel. Wäre ich ein paar Schritte in Richtung Tür gegangen, hätte ich ihn vielleicht besser verstanden, aber ich hielt mich zurück. Schlechte Nachrichten erreichen einen früh genug, dachte ich.

Dann wurde ich aufgerufen. Ich kam mir vor wie kurz vor einem Herzinfarkt. Ich hörte mein Herz erneut bis in meine Ohren schlagen. Der Arzt war ruhig und sachlich. – Kein Wunder, es war ja auch sein Job, und er selbst war nicht erkrankt. Ich wartete auf die Worte: „Alles ein Irrtum – wir müssen zwar operieren, aber das war's." Aber leider kamen diese Worte nicht, sondern: „Das ist Krebs und bedarf schnellstens der weiteren Behandlung. Den Bericht sende ich an Ihren Frauenarzt, der wird alle weiteren Schritte mit ihnen besprechen und einleiten." Auf Wiedersehen – zu den Folgeuntersuchungen sehen wir uns wieder, bis dahin alles Gute."

Dies nur sinngemäß, bei den Worten Krebs und/oder bösartiger Tumor habe ich abgeschaltet und nur noch Bruchstücke mitbekommen.

Sicherlich sagte der Arzt noch einiges mehr, aber KEINE AHNUNG! Ich hörte nichts mehr.

Boh, als ich dann über die Straße eierte, um zu meinem Wagen zu gelangen, müssen mich Passanten für total bekloppt gehalten haben. Ich schlug mir richtig ins Gesicht, weil ich dachte: „Frauke, dieser Traum ist ein Albtraum, und nun werde endlich wach, dass ist ja alles furchtbar!" – Aber dieser Schlag schmerzte nur, aber er half nichts, dass war ja noch viel furchtbarer! Ich hätte schreien können …. Tränen hatte ich keine mehr. Es rauschte in meinen Ohren, und ich saß nun in meinem Auto und starrte so vor mich hin. Es kamen Wut und Kampfgeist auf. Es muss doch möglich sein, so einen beknackten Krebs in seine Schranken zu verweisen! Hm, was könnte ich meinem Körper – mit leicht jahrzehntelanger Verspätung – Gutes tun? Für einen

Pakt mit Gott oder Teufel war es nun zu spät, aber hoffnungslos? Davon hatte bis hierhin noch keiner gesprochen. Also sah ich die niederschmetternde Nachricht als Chance. Nochmals ein kleines Stoßgebet zum Himmel, ein Blick auf die Uhr – es war 14.30 Uhr – schaute nochmals schmachtend meine Zigaretten an, haderte mit mir selbst, und legte die Zigaretten weg. Mein Körper war eh schon genug belastet, so dass ich die Entlastung „nicht rauchen" und „Diät" als Chance sah.

Ich fuhr nun nach Hause und weiß bis heute nicht, wie ich da unbeschadet angekommen bin. Dort habe ich mich – glaube ich – dreimal im Kreis gedreht und bin dann zu meinem Frauenarzt gefahren, denn wie sollte es nun weitergehen? Dort kam ich fast sofort dran. Dr. Messer erzählte mir, dass man den Gefühlen ruhig nachgeben solle. Er wunderte sich bestimmt, dass ich da saß ohne zu weinen, aber ich konnte nicht weinen. Ich war noch wie erstarrt. Wie ein Reh auf der Fahrbahn, das geblendet wurde. Wir besprachen, welches Krankenhaus für mich denn in Frage käme. Ich wollte ein kleines überschaubares Krankenhaus, also kein Klinikum. Herr Dr. Messer erzählte erneut, dass er im Antonius-Krankenhaus gearbeitet habe und meinte, dort sei ich gut aufgehoben. Okay, das nehme ich. Zumal ich dort auf einer Station sozusagen „zwei in einem" abhandeln konnte. Sonst hätte ich für die Unterleibs-OP vielleicht zur Brust-OP die Station wechseln müssen. Herr Dr. Messer erzählte mir noch, was mich dort wohl so als nächstes an Untersuchungen erwarten werde und machte für mich in diesem Krankenhaus einen Vorstellungstermin aus. Der Fokus war nun erst mal auf den Brustkrebs gerichtet, der Bauch lief „sozusagen mit". Ich danke übrigens heute noch Herrn Dr. Messer und seinem Team für die immer wieder schnelle unbürokratische medizinische, aber auch menschliche Hilfe.

In der Folgewoche am Dienstag sollte ich im Krankenhaus erscheinen. So lange warten, heute war doch erst Donnerstag! Ich wurde fast wahnsinnig, aber ich musste mich in Geduld fassen, ob es mir nun passte oder nicht. Zu Hause überlegte ich, wen ich denn nun vollheulen konnte.

Meine Mutter mit ihren 83 Jahren war nicht belastbar, und all meine Lieben waren beschäftigt, also bei der Arbeit, da konnte ich wohl schlecht anrufen und solch eine Nachricht während der Arbeit überbringen. Ich konnte sowieso kaum einen Ton rausbringen, aber meine Freundin Maria war zu Hause, also rief ich sie an. Ach, Maria, du Herzensgute – sie war fassungs- und wie ich – ebenso sprachlos. Kaum war früher Abend, rief auch schon Josef, mein bester Freund und Marias Ehemann bei mir an. Josef, mein Kinder- und Jugendfreund, wir kannten uns nun schon seit unserem fünften Lebensjahr. Wir haben zusammen gespielt, aber auch Blödsinn gemacht und sind dabei gemeinsam erwachsen geworden. Wir haben viel Zeit miteinander verbracht, Feste gefeiert, leider uns auch gegenseitig bei Familienmitgliedern auf Beerdigungen begleitet, aber auch gemeinsam Urlaube genossen.

Josef kam sofort geeilt und Maria blieb, weil Eile geboten war, wegen ihrer Gehbehinderung zu Hause. Ich bin ihr heute noch dankbar, dass sie Josef hat sofort losfahren lassen. Josef nahm mich in den Arm, und ich heulte mir die Augen aus dem Kopf. Mein Freund Lutz, ebenfalls ein herzensguter Mann, kam auch förmlich in meine Wohnung geschossen, Lukas, die treue Seele, tauchte ebenfalls auf. Alle fassungslos, und ich heulte immer noch. Jeder rang nach Worten, wie: „Wird schon, du schaffst das, wir helfen dir." Nun trank ich erstmal ein bis x Biere, denn was ich nicht rauchte oder aß, konnte ich ja nun trinken, kalorienmäßig gesehen. War das ein Scheißtag. Ein höflicheres Wort wäre jetzt gelogen. Die folgende Nacht war genauso „bescheiden".

Ach, irgendwie waren all die nun folgenden Nächte nicht besonders. Jetzt begann die Latscherei zu Ärzten, Krankenhäusern und sonstigen Einrichtungen. Ich war ja erst am Anfang, und was habe ich für Menschen kennengelernt! Tolle, weniger tolle, welche, die man überhaupt nicht kennen muss, aber wie gesagt auch solche, die MUSS man kennen! Fachlich wie menschlich – wie in der Firma, in der ich arbeite. Da gibt es auch Menschen, die möchte ich nicht kennen, muss sie aber kennen, da ich geschäftlich mit ihnen zu tun habe. Dann wieder solche, da ist es so toll, dass es sie gibt, fachlich wie menschlich. Aber ehrlich, ein Fazit gibt es auch hierzu: Nicht die Arbeit oder Krankheit ist die Herausforderung, sondern die Menschen, die entweder arbeitsmäßig mit dir zu tun haben, oder die, die dich bei deiner Krankheit begleiten und zur Heilung beitragen sollen. Manche kannst du einfach „vergessen" – den anderen bin ich bis heute mehr als dankbar.

In der folgenden Woche, an einem Dienstag, dem 29.04.2008, hatte Herr Dr. Messer mir einen Termin im Antonius-Krankenhaus zur Voruntersuchung vermittelt. In der nun folgenden Zeit – es waren Monate – grüßte ich häufig von Herrn Dr. Messer die Station ZY 1, auf der ich lag und auch später die Chemotherapie erhielt. Sie schienen sich wirklich dort zu freuen.

Ich war an diesem Dienstag hypernervös und voller Panik. Was erwartete mich bei solch einem Vorgespräch und Voruntersuchungen?

Meine Nerven waren bis zum Zerreißen gespannt, und ich war überpünktlich erschienen und wartete nun im Wartezimmer.

Mir geisterten Wörter, wie Stanze und Chemo durch den Kopf. Die hatte ich in den letzten Tagen irgendwo aufgeschnappt oder gelesen. Stanze hatte ich vorher noch nie gehört, soll wohl auch bei Brustkrebs durchgeführt werden, bevor operiert wird. Na, und eine Chemo wird doch auch zur Bekämpfung von Krebs eingesetzt.

Diese Wissenslücken sollte ich nun bald spüren können.

Ein Arzt – nennen wir ihn hier mal Dr. Stressmann – bat mich mit nur kleiner Verspätung in den Behandlungsraum. Er sprach sehr leise, so dass ich schon glaubte, der Krebs wäre mir auf die Ohren geschlagen, er verzog keine Mine. Er blieb „starr".

Untersuchte mich, machte ebenfalls einen Ultraschall, da war der „Bösewicht" wieder in voller Größe auf dem Monitor zu sehen.

Auf meine drängenden Fragen hin, was wird aus mir, wie geht es weiter, ist es schlimm, hat der Bursche gestreut, kann man zu all dem schon was sagen? Himmel, ich drehte komplett am Rad!

Herr Dr. Stressmann verzog immer noch kein Gesicht, er meinte: „Wir" stünden ja noch ganz am Anfang, dazu könne man noch nicht viel sagen. Da drehte ich nicht mehr am Rad, sondern drehte durch! Was war das denn für ein Scheiß? Ich habe Krebs, ob ich jetzt sterbe oder bald – kann mir keiner sagen? Aber eine todbringende Krankheit habe ich, dass wusste ich ja von meinem Gynäkologen. Toll, mehr Erkenntnisse brachte mir das nicht?

Rückblickend kann ich die Ärzte verstehen, sie sehen täglich nichts anderes außer Krebs und mehr oder weniger heilbar. Aber aus der Patientensicht ist das was ganz anderes!

Herr Dr. Stressmann versuchte mich zu beruhigen mit den Worten: Also nicht aufregen, ist zwar alles schlimm, aber doch nicht so schlimm, es gibt schon viele Möglichkeiten, außerdem stünden wir – also ich – wirklich noch am Anfang, viele Untersuchungen gäben uns noch weiter darüber Aufschluss, ob andere Organe befallen seien, in wie weit die linke Brust überhaupt vom Krebs befallen ist, ob irgendwo Metastasen vorliegen etc. Auch wenn mich so manche Worte eher beunruhigten, so beruhigte es mich andererseits aber auch. Ich war nun mit all meinen Sinnen nicht mehr ganz so panisch, sondern „hellwach".

Nun fiel das Wort „Stanze", was mich sehr beunruhigte. Hm, Herr Dr. Stressmann erklärte, man müsse eine Gewebeprobe entnehmen und so einige Untersuchungen anstellen. CT und MRT … ich nenne es für uns Laien mal „Röntgenaufnahmen". Wichtig war mir nur, diese Aufnahmen schmerzen nicht!

Aber was ist mit dieser Stanze? Herr Dr. Stressmann versuchte mich erneut zu beruhigen – wäre gar nicht schlimm, würde nicht weh tun, gar kein Problem. Irgendwie beruhigte es mich wieder nicht, aber egal, da musste ich durch. Ich erhielt einen Termin zur stationären Aufnahme. Was ich bis dahin nicht wusste, dieser Dr. Stressmann wird mir in meiner Genesungs- bzw. Behandlungszeit noch oft begegnen, und nicht immer war ich begeistert. Er soll eine Koryphäe auf seinem Fachgebiet sein, nur Umgangsformen – wie zum Beispiel Grüßen und Kommunizieren schienen wohl einfach nicht seine Stärke zu sein. Vielleicht hatte aber auch nur ich selbst das große Mitteilungsbedürfnis, ich weiß es nicht mehr.

Am 08.05.2008 sollte nun die stationäre Aufnahme sein. Gott, war ich aufgeregt. Mein Herz schlug mir wieder bis zum Hals, was erwartete mich? Ich wusste ja nun schon, dass ich Krebs habe, sterbe ich jetzt – hier vielleicht? Was passiert im Krankenhaus? Ich erschien zur vorgeschriebenen Zeit, und es fanden die Aufnahme und eine Blutabnahme statt. Vor dieser Stanze hatte ich furchtbare Angst. Auch wenn der Arzt sagte, es wäre gar nicht schlimm, ich stellte es mir entsetzlich vor, aus meiner linken Brust ein wenig Gewebe entnehmen zu lassen. Nachdem ich mich nun ein wenig häuslich auf meinem Zimmer eingerichtet und Mittag gegessen hatte, nahte der Termin zur Stanze. Nun fiel mir ein, warum mir diese Untersuchung so Panik verursachte! Ich war mal zu einer Untersuchung im Krankenhaus, als ich so ungefähr 28 Jahre alt war. Da lag eine ältere Frau auf meinem Zimmer der eine Brust amputiert worden war. Nun lag ich damals nichts ahnend, und diese ältere Dame schwallerte mich voll … hörte nur mit halbem Ohr zu und auf einmal riss sie ihr Nachthemd hoch und zeigte mir ihren „Verlust". Ich war so ahnungslos und unvorbereitet, dass ich diesen Anblick niemals vergessen werde. Ihre Worte brannten sich in mein Hirn: „Es wurde vorher eine Gewebeprobe entnommen, und man vergaß, die Stelle zu betäuben und ich habe geschrien vor Schmerzen!" Ich weiß auch noch, dass sich die Ärztin bei ihr entschuldigte.

Aber was hilft einem das? Was für ein Albtraum! Zu meiner eigenen Stanze holten mich diese Bilder und Sätze wieder ein. Dachte, ich sterbe nun eher an einem Herzinfarkt anstatt vielleicht an Krebs…

Also ich ging zu dieser Stanze wie zum Schafott und mir war speiübel. Die Anmeldung war problemlos, und ich ging auf die mir angewiesene Station ZY 1. Trabte so den Gang entlang da stürzte eine sehr junge Krankenschwester auf mich zu, nahm mich in den Arm – was ich sehr befremdlich fand – und sagte: Hier lägen viele Frauen mit Krebs, ich solle mir keine Sorgen machen, sie komme gleich auf mein Zimmer und habe da einen kleinen Fragenkatalog und es wäre nett, wenn ich die Fragen beantwortete. Außerdem brauche ich jetzt nicht zu weinen, ich sei hier in guten Händen und man täte alles, um mir zu helfen. Hä, was faselte die da? Ich verstand anfänglich nur „Bahnhof". – Ah, da begriff ich! Meine Augen waren sehr verquollen, und es war nicht abwegig, zu denken, dass ich gerade geweint hätte, aber ich bin Allergikerin und fast alles stand in Blüte. Na, so sah ich wohl auch aus, eigentlich wie „jedes Jahr".

Diese junge Krankenschwester, wahrscheinlich noch in der Ausbildung, zog sich nun peinlich berührt zurück, nachdem ich sie aufgeklärt hatte, und ich bezog nun endlich mein Zimmer. Dieses Zimmer war nicht belegt, so dass ich mich wirklich in Ruhe umschauen und einrichten konnte. Das fand ich ganz gut, denn so musste ich meine Gefühle nicht verstecken, denn vor fremden Menschen nimmt sich jeder ja eher zusammen. Habe mich mit der Technik vertraut gemacht, indem ich mal den Fernseher anschaltete und meine bereits erworbene Telefonkarte aktivierte. So weit – so gut – und nun? Da ich mich nicht krank fühlte, aber laut Ärzten ja wohl war, fühlte ich mich in diesem Moment wie ausgebremst. Von Stress inklusiv Überstunden zu „auf dem Bett sitzen und warten" auf die Dinge die da nun kommen. Ich fing an auf und ab zu laufen – erweiterte meine Hin-und-her-Lauferei bis auf den Flur. Lief nun dort „unauffällig" auf und ab in der Hoffnung, dass nun bald jemand auf mich zukam, und mir sagte wie es weitergehe!

Frau Friedrich, nenne ich sie mal, war die absolut gute Seele der Terminierung und Organisation, wirklich toll. Ich sah sie am Rechner – oh – <freu> - die Software ABC ! Ach, ich hätte so gerne mitgemischt, aber hier waren mein Wissen und Arbeitsgier wohl nicht gefragt. Schade eigentlich, wäre eine super Ablenkung gewesen. Frau Friedrich wies mich so ein wenig in meinen zukünftigen hier zu verbringenden Tagesablauf ein. Also nachdem ich nun mein Zimmer in Beschlag genommen hatte und bis auf weiteres wohl allein in diesem bliebe, denn zurzeit sei da keine Patientin geplant, außer es komme was Akutes. Also ehrlich gesagt, passte mir das gut. Ich habe damit kein Problem, allein zu sein, und so werde ich auch beim Fernsehen oder Telefonieren keine Rücksicht nehmen müssen. Und beides machte ich gern. Nach „Unterhaltung" bei meiner Krankheit war mir sowieso nicht, da ich ja selbst nicht wusste, wie es weitergeht.

So, wie gesagt, Frau Friedrich hatte mich ein wenig eingewiesen und mir einen „Wisch" in die Hand gedrückt, aber bevor ich mich damit beschäftigen konnte, sollte eine Blutabnahme stattfinden. Die lenkte mich auch nicht wirklich ab, aber so begann die stationäre Aufnahme, und diese „Stanze" stand mir ja schließlich immer noch bevor. Gott war mir übel – ich erinnere mich, dass es mir das letzte Mal so übel war, da war ich 17 Jahre alt und hatte Persico (Likör) und Rum-Cola getrunken. Dem Mann meiner Träume erzählte ich, dass ich zur Verhütung ein „Kupferdreh" drin hätte, anstatt ein Kupfer-T, das ist sowas ähnliches wie eine Spirale. Hier sei mal so erwähnt, dass Kupferdreh ein Stadtteil von Essen ist und NICHT in mir Platz hat! Aber ich glaube, mein Schwarm merkte auch schon vor lauter Alkohol nichts mehr. Himmel, war mir das peinlich. Ist mir nie wieder passiert, versteht sich, aber so übel war mir vergleichsweise auch heute . . . und das ohne Alkohol! Auch waren mir die Informationen, wie: Wird ja betäubt, auch nicht wirklich eine Beruhigung. Eine Spritze in die Brust beunruhigte mich eher als umgekehrt!

Nun endlich kam Frau Friedrich und sagte, ich könne zur Untersuchung – zur Stanze. Ich schlich förmlich wieder ins Parterre zum Behandlungsraum. Erst wurde ein Ultraschall gemacht und so fest auf meiner linken Brust herum gedrückt, dass diese schon ganz platt war. „Ah, sagte der Arzt, da haben wir ‚ihn' ja … Mein Herz schlug mir fast aus dem Hals, als ich die Spritze sah. Aber siehe da, es war gar nicht schlimm! Na, toll auch nicht, aber es ging wirklich.

Dann erklärte er mir, dass das Gerät, was er in der Hand hielt, im Fachjargon Stanze heiße. Eine Spritze mit einem Hohlraum, wie ein Minibagger mit einem kleinen Schäufelchen wurde dieses Gerät auf die Brust gesetzt, dann knackte es laut, und das Gerät hatte eine Gewebeprobe entnommen. Ehrlich, es war schmerzfrei. Dieser Vorgang wurde mehrfach wiederholt, dann war ich erlöst. Meine Brust wurde später grün und blau, aber das war auch somit das Letzte was ich so „von ihr", dieser linken Brust, jemals wieder sehen würde, wer hätte das gedacht – ich am wenigsten. Nachdem ich mich nun mit zittrigen Beinen wieder angezogen hatte, trat ich aus der Kabine und sah in Paraffin den „Übeltäter" auf dem Tisch stehen. Ich nichts wie hin, nahm das kleine verschlossene Gläschen in die Hand und sah es hasserfüllt an. So sieht also Krebs aus! Kleine Bröckchen schwammen in diesem Paraffin und sahen so harmlos aus – und können doch so tödlich sein.

Und nun kommen Geschichten – Sachverhalte –, die, glaubt mir, vielleicht keiner, aber sie waren wirklich so! Ich habe Tagebuch geführt und erzähle hier keine Märchen, es war/ist unglaublich. Nicht, weil Ärzte „schlecht" sind, nein, eher der Ablauf die Verwaltung, aber auch einzelne Personen, wie natürlich auch Ärzte und Krankenschwestern; ist toll, dass es sie gibt, aber hier und da haben sie sicherlich ihren „richtigen" Beruf verfehlt. Manche habe ich getroffen.

Kapitel 3

Nachdem ich nun „meinen Krebs" da in diesem Paraffin sah, fragte ich natürlich: „Herr Doktor ist DAS Krebs?" Sah ja irgendwie nach „nix" aus ...

Nun faselte er – wie alle Ärzte – denen Fakten in schriftlicher Form noch nicht vorliegen: Kann man ja nicht so sagen – man – wir – steht/stehen noch am Anfang, wer weiß das schon, man müsse abwarten und noch viele Untersuchungen tätigen ... Blablabla. Alles soweit verständlich, aber „schnack" bei mir ging die Sicherung durch! ICH HABE NUR EIN LEBEN! Für Eventualitäten habe ich **keine** Zeit !!! Es gibt sicherlich für nichts im Leben einen Garant, aber so ging es auch nicht. Wie gesagt – bei mir ging nun die Sicherung durch, und meine Frage klang bestimmt entnervt: Herr Doktor Stressmann – „**WAS** KAUFE ICH MIR?" Sein Gesicht sprach vor lauter Fragezeichen für sich – „PERÜCKE ODER KISTE?"

Er war für einen Augenblick sprachlos. – Na, Frau Sowieso, sie haben ja eine Art ... sagte er hilflos lächelnd. Ich war ja nun komplett aus meiner Spur und wippte mit dem linken Fuß auf dem Boden herum, so, als wenn man Musik begleitete und wartete – Arme verschränkt – nun auf eine Antwort. Dieser Arzt hat bei mir eine Gratwanderung erlebt, denn gibt es kein *Vielleicht* mehr, sondern nur noch „*Entweder-oder*", denkt man nicht mehr lang nach, meine Höflichkeit war einfach „dahin".

Nicht missverstehen, er war ja nicht daran Schuld, dass ich erkrankt war, aber wie wir damit umgehen, das lag sehr wohl in seiner Hand.

Er sagte: „Wir wissen, es ist Krebs, aber trotzdem müssen wir die tatsächlichen (schriftlichen) Ergebnisse abwarten, aber sie werden diese Klinik auf Ihren eigenen Beinen verlassen, dass ist bei uns immer so – und er zwinkerte mir zu."

GUT!!!! Und binnen Bruchteils einer Sekunde war für mich persönlich nun endgültig meine Entscheidung gefallen! AHHH – nicht zu spät, kämpfe, was das Zeug hält, alles andere ist Glückssache oder in Gottes Hand!? – Glück braucht man immer im Leben. Also „packen wir es an".

Ich kehrte nun mit der Erkenntnis in mein Zimmer zurück, dass es immer noch Krebs ist und ich auf weitere Anweisungen wartete. (James Bond lässt übrigens grüßen.) Nun saß ich da so auf meinem Bett herum, zum Hineinlegen sah ich keine Veranlassung, denn ich war ja nicht bettlägerig. Fernsehen an – wieder aus – Buch auf – Buch wieder zu. Flur rauf – wieder runter. Der Krankenschwester Frau Friedrich an ihrem PC bin ich schön auf die Nerven gegangen. Himmel, war die geduldig und lieb! Wieder aufs Zimmer – durch die Gegend telefoniert. Drei Liter Tee in mich hinein geschüttet, und endlich kam das Abendessen, schon mal eine Beschäftigung. Meine Stimmung hellte sich auf, als mir mitgeteilt wurde, dass am nächsten Tag nach einer CT und MRT ich wohl abends nach Hause könne und erst zum Abend am kommenden Montag zurückkehren müsse. Weitere Untersuchungen ab Dienstag würden dann folgen. Hm, hörte sich ja soweit vernünftig an, also keine Zeit unnütz im Krankenhaus „absitzen", sowas gefällt mir ja! Äh – CT und MRT? Hm, CT hatte ich schon mal gehört – Computertomographie, aber MRT? Davon abgesehen, was hat man davon, wenn man diese beiden Untersuchungen machen lässt? Was für Ergebnisse erhält man? Schon hatte ich wieder eine Aufgabe. Erst mal jede Krankenschwester und alle Ärzte löchern! Also, mir genügt folgender Dialog nicht: CT, was ist das? Eine Computertomographie. Nein, das genügt mir nicht, da sind doch Fragen wie: Wieso – weshalb – warum. Ach, die Ärzte lieb(t)en mich. Noch ahnten diese, als auch ich nicht, dass wir mehr oder weniger ein Jahr gemeinsam ambulant verbringen werden. Ne, was war das schön! Trotz mancher Widrigkeiten muss ich sagen, war das Miteinander gesamt gesehen, gut.

Eine CT ist ein computergestütztes röntgendiagnostisches Verfahren zur Herstellung von Schnittbildern des menschlichen Körpers. Mit der Computertomographie können innere Organe und auch das Schädelinnere präzise abgebildet werden.

Die MRT (Magnetresonanztomographie, Kernspintomographie) ist ein bildgebendes Verfahren, das im Gegensatz zur Computertomographie keine

Röntgenstrahlen, sondern ein starkes Magnetfeld und Radiowellen zur Darstellung nutzt.

Beide Wissensstände fand ich persönlich wichtig, denn zu viele Röntgenstrahlen können ja auch schädlich sein, wobei ich heute weiß, nach späteren 28 Bestrahlungen ist das irgendwie auch schnuppe, aber das wusste ich ja bis dahin noch nicht, was mich alles so erwartet.

Die Nacht habe ich dann so leidlich überstanden, dass Abendessen war solide, aber nicht der Klopper, und im Fernsehen kam auch nichts Wesentliches. Am nächsten Morgen federte ich förmlich voller Tatendrang aus dem Bett, ab unter die Dusche und ich wartete auf das Frühstück. Prima, der Kaffee duftete gut, das Brötchen war frisch, und ich wollte gerade loslegen, da übergab mir   Schwester Claudia ein Schreiben mit dem münd-lichen Hinweis: „Dies ist für die CT, die Schwester von dort ruft auf der Station an, wenn Sie dran sind." Ich schaute auf dieses Schreiben und war schlagartig satt! Da stand – Metastasen vorhanden: ja oder nein?

Ich erkläre hier das Wort Metastasen, wobei ich aber glaube, jeder von uns kennt es, auch nicht Erkrankte.

Metastasen sind Tochtergeschwülste, die entstehen, wenn Tumorzellen aus dem ursprünglichen Krankheitsherd verstreut werden. Na, tolle Wurst! Da hatte ich ja noch gar nicht dran gedacht!

„Gestreut". Prima, vielleicht stand das ja in Zusammenhang mit meinem Bauch? Hier stand auch noch eine Operation aus, aber jeder stürzte sich ja auf meine Brust! Vielleicht hatte das Bauchgeschwür, oder was es auch nun immer war, zur Brust gestreut, oder vielleicht umgekehrt? Der Kaffee schmeckte mir nicht mehr und das Brötchen wollte mir auch nicht mehr so wirklich durch den Hals.

Toll fand ich an meiner Wahl des Krankenhauses (meine kleine Schwarzwaldklinik), dass von meinem Zimmer aus die notwendigen Untersuchungen ebenfalls auf dieser Etage waren, also keine langen Wege oder Sucherei. Die Mitarbeiterin, die die CT bediente, war sehr ruhig und verzog keine Miene. Oberkörper frei machen, auf diese Liege legen, still verhalten und auf Anweisungen warten. War jetzt nicht sehr aufmunternd. Weglaufen war jetzt auch nicht mehr möglich, denn meine Brille musste ich ebenfalls ablegen und die Tür hätte ich ohne Brille niemals gefunden. Blind wie ein Maulwurf. Kennt ihr Leser den Film „Stargate"? Dieses CT-Gerät sieht fast genauso aus, war nur nicht so unterhaltsam. Diese Liege bewegte sich vor und zurück und oben an der Decke befestigt sah ich schemenhaft einen Monitor. Auf diesem Monitor sah ich meinen Körper, unter anderem meine Lunge! Gott, hatte ich Angst. Nun holte mich mein Rauchen ein, ich befürchtete Schlimmes. Die Lunge sah ja schwer duster aus .... Dann bekam ich Anweisungen „Luft

anhalten – ausatmen – wieder Luft anhalten usw."
Sah aus dem Blickwinkel irgendwann mein Becken.
Ehrlich gesagt, die Technik ist ja schon toll, was es
denn so alles gibt, ist ja unglaublich! Ergebnis?
Nein, Ergebnisse erst später, wenn der Arzt alles
ausgewertet habe und er bespreche es dann mit mir.
Nun gut, so ging ich in mein Zimmer zurück. Von
dort startete ich dann zu einem späteren Zeitpunkt
zur MRT. Naiv, wie ich war, dachte ich, dies wäre
genauso „easy" wie die CT. Tja, so kann man sich
irren.

Also ich schob wieder mit einem Zettel in der
Hand zu dieser MRT. Selbe Etage wie mein Zimmer, keine lange Wartezeit, soweit war alles
bestens. Die Schwester, auch hier gerade so freundlich, wie es denn nötig war, um nicht unfreundlich
zu wirken, sagte: Schmuck ab, Brille ab, Oberkörper
frei und bitte auf die Liege. Gesagt, getan, und irgendwas kam auf meinem Oberkörper, und damit
keiner auf dieser Liege sich zu viel bewegt, wurde
ich ein wenig fixiert. Bis dahin war ich auch noch
ruhig und gelassen, aber dann setzte sich diese Liege rückwärts in Bewegung und ich fuhr in eine
Röhre. Diese Röhre war so eng, dass ich meine
Schultern ein wenig an den Körper drücken musste,
und über mir sah ich jetzt nur noch die Röhre und
schon erlitt ich fast einen Herzkasper. Kein Beneh-
men, kein logisches Denken, nichts war mehr möglich. Ich rief: Hilfe! Hilfeeee …. Ich versuchte mich

selbst wieder raus zu schieben. Schon war die Schwester da. „Was ist?", fragte sie freundlich, aber leicht genervt. Äh, <schäm>, ich leide unter Klaustrophobie, also in diese Röhre kann ich nicht! Dann durfte ich mir eine Predigt anhören mit ungefähr folgendem Inhalt: Das hätte ich ja eher sagen können, außerdem dauerte es nicht lange, und ob ich mich für diese Zeit nicht zusammennehmen könne? Na, supi! Erstens konnte ich es vorher nicht sagen, da ich ja gar nicht wusste, wie eine MRT vonstatten geht! Außerdem hatte ich keine Brille auf, so konnte ich ja noch nicht mal das Gerät in Augenschein nehmen, die Drollige …. Zweitens und drittens, was heißt, es dauert nicht lang? Die Schwester antwortete, so ca. 20 bis 30 Minuten. Was? Bei Angst vor dem Aufenthalt in engen Räumen soll ich mich mal eben 20 bis 30 Minuten zusammen nehmen? Die hat ja noch einen größeren Schaden als ich! Geht „ja gar nicht". Dann ginge es nur mit einer Beruhigungsspritze. Gute Idee! Mir egal, Hauptsache irgendwas, was mein Herz nicht hochjagen lässt. Es war mir wirklich unangenehm, denn ich wusste ja, dass ich deren Terminplanung durcheinander brachte.

Nachdem ich die Spritze erhalten und wir eine Weile gewartet hatten, wurde ich erneut in die Röhre geschoben. Halt – stopp – Hilfe, ich fing wieder an zu rudern, mein Herz schlug mir bis zum Hals. Wieder wurde ich – leicht genervt – aus dieser Röhre geholt. Was ist? Äh – ich habe immer noch Angst vor zu engen Räumen. Kann gar nicht sein. Kann sehr wohl sein, dass war keine Showeinlage von mir, ich habe da ganz andere Sorgen ... Nächste Spritze – wieder warten, erneuter Versuch. Hallo – Hilfe – immer noch Platzangst, es war mir wirklich sehr peinlich.

Die Schwester nun doch ein wenig ungehalten - „ich hole jetzt einen Arzt". Der kam, verpasste mir eine Spritze und von da an weiß ich nichts mehr. Ich kann mich weder an die MRT erinnern, noch dass ich diese Röhre wieder verlassen habe und wie ich dann auf mein Zimmer kam. Ich habe da irgendwie schemenhafte Bilder vor Augen. Anscheinend hatte ich mich angezogen und mein Zimmer gefunden. Gut, dass alles auf einer Etage war, ich hätte da ja sonst wie „abschmieren" können.

Stunden später – keine Ahnung – sagte mir eine Schwester der Station, dass ich heute, an einem Freitag, nach Hause könne, denn die nächsten Untersuchungen fänden erst wieder am folgenden Dienstag statt, so dass ich am Montagabend wiederkommen solle.

Unabhängig davon, ob dies so praktiziert wird, um Kosten zu sparen, ich finde es gut, denn am wohlsten fühlt sich jeder immer noch zu Hause. So konnte ich mich auch viel besser ablenken, das war ganz nach meinem Geschmack, und ich nahm das Angebot wirklich gern an.

So verbrachte ich mit meiner Familie und Freunden das Wochenende und den Montag, bis ich am Abend wieder ins Krankenhaus musste. Das Wochenende außerhalb des Krankenhauses tat natürlich sehr gut, und die Zeit verging viel schneller.

Zur verabredeten Zeit war ich am Montagabend wieder im Krankenhaus, und ich war immer noch allein auf dem Zimmer. Am Dienstag sollte eine Knochendichteuntersuchung stattfinden und eine Stanze sowohl in der Achsel als auch in der Leiste. Wieder hinterfragte ich die Untersuchungen. Die Knochendichte wird ermittelt, ob Osteoporose vorliegt oder gar Knochenkrebs. Auch dies hatte erfreulicherweise keinen positiven Befund für mich. Osteoporose lässt übrigens die Knochen spröde werden und leicht brechen, sagt den Frauen ab 50 Jahren sicherlich was, denn ab der Menopause kann das eher auftreten.

Die Stanzen (mein unangenehmstes Lieblingswort, von dem Wort Krebs abgesehen) sollten durchgeführt werden, ob der Krebs evtl. auch die Lymphdrüsen befallen hat. Ehrlich gesagt, anstatt zweimal den Gang hierzu zu haben, hätte ich es begrüßt, wenn bei der Bruststanze direkt auch die Stanzen für Achsel und Leiste durchgeführt worden wären. Aber warum einfach, wenn es auch schwierig oder auch aufwändiger geht.

Nun gut, der Dienstag kam, und es dauerte und dauerte. Mehrfach fragte ich leise nach, denn ich traute mich ja gar nicht, mein Zimmer zu verlassen. Nachdem es nun Nachmittag war, wurde ich nun doch stinkig. Nun kam eine Krankenschwester zähneknirschend zu mir und sagte man habe mich vergessen! Toll .... Einen Tag einfach verschenkt, das zum Thema Kostensparen, unabhängig davon, dass ich mit meinem Krebs auf einem Schleudersitz saß und jeder Tag Ungewissheit ein nervlicher Drahtseilakt war.

Am folgenden Tag war dann nun die Knochendichteuntersuchung, und diese war auch ganz entspannend. Still liegen, so ca. 40 bis 45 Minuten und fertig. Bis dahin wusste ich nicht, wie lang eine Dreiviertelstunde sein kann, aber es gibt wirklich Schlimmeres.

Die Stanze hatte ich ja nun an der Brust schon kennengelernt und festgestellt, dass das auch nicht so schlimm war oder auch ist, wie das Wort selbst. Aber erst mal konnte ich nach der Knochendichteuntersuchung wieder zurück auf mein Zimmer, warten und dann wieder bewaffnet mit dem entsprechenden Zettel zur Stanze. Auch hier wurde erst betäubt und dann dieses „Gerät" ein- und angesetzt. Wirklich problemlos, wobei ich einen Friseurbesuch entspannender finde.

Apropos Friseurbesuch, da hat man mir mal ins Ohr geschnitten, da „kochte" mir vielleicht der Löffel, und ich kochte auch vor Wut. Beim Nachschneiden meines Kurzhaarschnittes schnitt mir eine Friseurin so sehr ins Ohr, also dass war kein kleiner „Schnipp" mehr! Ich blutete wie eine Verrückte, aber die Friseurin tat so, als wenn nichts passiert wäre. Tupfte so ein wenig herum und sagte „ist ja nicht so schlimm". Ne klar, war ja auch nicht ihr Ohr! Auch wenn ich keine Brille auf hatte, Schmerz empfinde ich sehr wohl und ich sah auch das Blut! Viel „Palaver" und bezahlt habe ich nichts! – Dieser Friseur sah mich auch nie wieder.

An diesem und nächsten Tag fragten mich viele, warum ich denn so ein rotes Ohr hätte. Tja, irgendwie hatte ich – trotz Mitgefühl – die Lacher auf meiner Seite.

Kapitel 4

Ich komme zurück zur letzten Stanze. Angst hatte ich allemal vor dem Ergebnis, denn bei den Achseln hätte es ja aussagen können, der Krebs habe gestreut, und in den Leisten hätte es wiederum bedeuten können, dass das, was sich da im Bauch befindet, vielleicht bösartig sei, oder gar der Brusttumor schon gestreut habe.

Es war nun Mittwoch, und die Zeit der Auswertungen der Untersuchungen war gekommen. Also wieder in Geduld fassen. Am Freitag konnte ich erneut nach Hause, denn ca. eine Woche sollte es dauern, bis Ergebnisse vorlagen. Untätig war ich nicht zu Hause, denn ich bin flugs zur Prophylaxe zu meiner Zahnärztin, denn mir war irgendwie klar, während einer Chemo geht so irgendwie „gar nichts". Meine Zahnärztin war auch so geistesgegenwärtig und fertigte eine Komplettaufnahme meiner Zähne an. Da ich regelmäßig zu meiner Zahnärztin ging, war soweit alles in Ordnung. Später konnte ich – nach den Therapien Chemo und Bestrahlung feststellen, ob meine Zähne darunter gelitten haben. Gut, dass ich alles in Erwägung gezogen hatte, wer konnte ahnen, dass ich aber auch das volle Programm mitnehme!

Ich sollte genau eine Woche später, an einem Mittwoch, wieder im Krankenhaus erscheinen, um mich als erstes der Bauchoperation zu unterziehen. Bei der Brust wusste man ja, dass es Krebs war, aber was war mit dem Bauch? Dies konnte von „außerhalb" nicht festgestellt werden, sondern erst durch die Operation. Die Ergebnisse aus der Stanze von der Leiste waren negativ, also ohne Befund, weder die Brust noch dieses Ding aus dem Unterleib hatte gestreut. So meinten auch die Ärzte, dass das wohl „nur" eine Zyste, also auf jeden Fall ein gutartiger Tumor sei. Aber Glauben ist eben nicht Wissen! Üblich ist es, wie bei einer Darmspiegelung auch, bei einer Unterleibsoperation den Darm vorsorglich zu entleeren.

Als ich am Mittwoch zurück ins Krankenhaus kam, hieß es also Darm entleeren, indem ich eine spezielle Flüssigkeit zu mir nehmen sollte. Himmel, wurde mir davon übel, aber es half ja alles nichts, denn am Freitag, so gegen 12 Uhr, sollte die Operation sein. Also trank ich die vorgeschriebene Flüssigkeit, die furchtbar schmeckte, plus jede Menge Wasser. Mir war so schlecht, ich wusste schon gar nicht, was ich zuerst in die Toilette halten sollte, Kopf oder die Kehrseite. Essen durfte ich ja auch nichts mehr, was an dem Mittwoch noch nicht so schlimm war, mir war ja eh schlecht, aber am Donnerstag, trotz Unmengen Wassers, hatte ich Hunger, aber außer einer sehr übersichtlichen Bouillon, gab es nichts.

Und dann kam der denkwürdige Freitag, der Tag der Operation, ich werde es niemals vergessen. Es war wie die vergangenen zwei Tage essensmäßig sehr übersichtlich, nämlich nichts, allerdings gab es an dem Freitag auch nichts zu trinken – tolle Wurst. Es war nun der 23.05.2008 und es war warm, vor lauter Entleerungen war ich schon ganz wackelig auf den Beinen, Durst bis unter die Arme, hatte das sogenannte Engelhemdchen bekommen und wartete nun auf die Dinge, die da kommen sollten. Mir war eh schon zum Heulen zumute, und mein Freund Lutz hatte zu alldem auch noch Geburtstag. Ich tat mir selbst Leid, Lutz tat mir noch mehr Leid, konnte ja nur noch besser werden – dachte ich aber wohl auch nur.

Gut, dass ich jetzt Christina auf meinem Zimmer hatte. Da hatte ich richtig Glück, ich fand sie wirklich sympathisch, und wir konnten uns gut austauschen. Wir haben übrigens heute noch Kontakt. Gegen Mittag, meine Nerven lagen schon gepflegt blank, kam gegen 11.30 Uhr die Ärztin in unser Zimmer, welche die Aufnahme im Krankenhaus vorgenommen hatte. Sie sagte – es hallt mir noch in den Ohren: „Die Operation wird verschoben, denn Herr Dr. Stressmann hat Durchfall." Ich glaube, keiner kann sich nun vorstellen, was in mir vorging.

Die Ärztin, die vielleicht nur die Überbringerin der Nachricht war und gar nichts mit dieser Entscheidung zu tun hatte, bekam nun mein völliges Ausrasten ab. Komplett hysterisch und laut heulend sagte ich: „Es wird hier doch in diesem bescheuerten Krankenhaus irgendeinen Metzger geben, der in der Lage ist, dieses bekloppte betroffene Organ bei mir zu entfernen – ist ja wohl kein Kunststück. Und wenn nicht in diesem Haus, dann holen sie mir ein Taxi und verfrachten mich in ein anderes Krankenhaus, kann doch nicht so schwer sein! Ich habe mich doch nicht zwei Tage umsonst leer gekotzt und ge<piep>t, um nächste Woche wieder von vorn zu beginnen! Von der nervlichen Belastung mal ganz abgesehen." Danach hatte ich einen Heulkrampf. Die Ärztin sagte nur „Moment, komme gleich wieder" und ging.

Nachdem ich mich verbal so vergessen hatte, kam die Ärztin mit Verstärkung wieder, in dem sie den Chefarzt inkl. seines Gefolges an mein Bett schickte. Er sprach sehr langsam, vielleicht, um mich zu beruhigen, also um mich wieder „auf den Boden zurück zu holen", aber noch ein wenig langsamer, und er hätte wirklich rückwärts gesprochen. Ich kann es hier gar nicht so wiedergeben, denn langsam zu schreiben hilft ja nichts.

Der Inhalt war folgender: Es sei Mai und da gebe es viele Feiertage, viele Kolleg/-innen nähmen dann auch noch einen Brückentag (Donnerstag Feiertag und Freitag einen „Brückentag"). Und da müsse ich es doch verstehen, wenn dann noch einer krank werde, es ist ja ein kleines Krankenhaus, da komme es eben zu Engpässen. All dieses Geschwafel beruhigte mich nicht im Geringsten, gut erzogen, wie ich war – ich erinnerte mich wieder daran – ließ ich den Chefarzt ausreden. Nun aber ich! Ich weiß noch wie heute, wie die hintere Reihe grinste und gluckste. Wo ich arbeite, gibt es auch einmal im Jahr einen Monat Mai. Auch hier werden Brückentage genommen, und die Belegschaft ist aus diesem Grunde arg dezimiert. Aber unsere Firma hat immer ein Notfallszenario, Sie auch? Und wieder „Moment" – alle gingen raus, und die Ärztin kam wieder rein und sagte: „Wir operieren sie noch heute." Ehrlich, ich bin für die Einsicht noch heute dankbar, ich war wirklich mit den Nerven zu Fuß.

Ich kam dann endlich – sehr hungrig und vor allen Dingen aber durstig und komplett entnervt – so gegen 14 Uhr in den OP. Warm war es auch an diesem Tag, aber davon merkte ich nichts mehr.

Irgendwann wurde ich wach, hatte den Aufwachraum wohl überstanden (kann mich nicht erinnern), und mein Freund Lutz stand an meinem Krankenbett. Der Arme, er hatte heute Geburtstag, und ich machte da einen auf „Sterbenden Schwan" – ich fühlte mich so elend. Würgte so einen „herzlichen Glückwunsch" hervor und ich schätze, dies war einer seiner Geburtstage, die er abhaken konnte, und es tat mir sooo Leid. Ihm war verständlicherweise überhaupt nicht nach Feiern. Wie auch, wenn die Freundin da schwerkrank liegt.

Nun hatten die mir vom Bauchnabel bis zum Schambein einen Schnitt verpasst, aber viel wichtiger war, und so hoffte ich, dass der Tumor gutartig war, also nichts mit dem in der Brust in Verbindung stand. Irgendwann an diesem Abend, mein Zeitgefühl durch die vorangegangene Narkose war dahin, wurde mir gesagt, dass – so wie gedacht und von mir erhofft – der Tumor gutartig sei. Man hatte vorsorglich eine Totaloperation vorgenommen, aber das war ganz in meinem Sinne, so hatte ich ab jetzt mit den sicherlich bald beginnenden Wechseljahren nichts zu tun.

Der leitende Chefanästhesist, Dr. Jürgens, hatte für diese schwere Operation folgenden Vorschlag: Um nach der Operation die Schmerzen in Grenzen zu halten, empfehle er die PDA. Die PDA (Periduralanästhesie) ist eine Schmerzbetäubung und wird in einen Kanal der Wirbelsäule gesetzt, so dass dann ganz gezielt eine örtliche Betäubung ausgelöst wird. Hm, hörte sich gut an! So müsste ich keine Tabletten schlucken und andere Organe belasten. Na prima, also her damit, schließlich nutzen diese Betäubung viele werdende Mütter während der Geburt, kann doch gar nicht so schlecht sein. Nur bei mir wurde es so gelegt, dass kontinuierlich eine festgelegte Menge mich von Taille bis Oberschenkel betäuben sollte, und das über einen längeren Zeitraum.

Also manches scheint wohl auch nur theoretisch zu funktionieren! Ich lag da nun breitbeinig in meinem Krankenbett – betäubt von den Zehenspitzen bis hin zum Hals. Nun gut, es stimmt, ich spürte wirklich keine Schmerzen, aber hatte auch nur noch meinen Kopf, über den ich Gewalt hatte. Ich nun wieder oberstinkig, Lutz' Geburtstag schon wieder aus den Augen verlierend, bat ich die Schwester, doch wenigstens meine Beine zusammen zu schieben! Sie musste auch lachen, ich allerdings nur so halbwegs. Das Gerät wurde abgeschaltet mit dem Hinweis, dass erst mal die komplette Betäubung aus meinen Körper solle, und danach schalten wir den Dosierer auf kleiner Stufe wieder ein. 12 Stunden (!!!) dauerte es, bis ich wieder überhaupt was merkte. Schätze, man verwechselte mich mit einem Elefanten oder ähnlichem. War ich froh, dass ich wieder Beine hatte. Ich glaube, die „standen" auf dieses Gerät. Es wurde wieder auf Stufe 2 oder 3 eingeschaltet, und schon kurze Zeit später merkte ich, wie die Betäubung von der Taille abwärts in die Beine ging. Nun gut, ich wartete noch, dann erreichte die Betäubung die Kniescheiben und meinen Bauchraum, da wurde mir das zu bunt! Meine Geduld war zu Ende.

Ich bat die Schwester, diese ach so tolle Betäubung zu entfernen und mir – wie es früher mal so üblich war – Schmerztabletten zu geben. Auch der Arzt zierte sich erst, aber durch meine Drängelei gab er dann nach. Endlich wurde ich am Rücken von diesem Zeugs befreit. Nix geht über ordentliche Schmerztabletten. Am Samstag oder Sonntag kam der Chefanästhesist, um nach dieser komfortablen

Schmerztherapie zu sehen, diese war ja nun schon längst entfernt worden, da ich damit nicht zurechtgekommen war. Er war ein wenig sauer, was ich soweit verstand, da nur er hätte es entfernen dürfen, was mir aber völlig egal war. Er fragte beleidigt, wer das gemacht habe, aber ich litt plötzlich an Gedächtnisschwund und verpetzte natürlich keinen, schließlich hatte man mir dadurch geholfen und war nur meinem Wunsch nachgekommen.

Durch dieses ganze Hickhack war das Wochenende „ohne Langeweile" schnell um, und am Montag stand schon die Brustoperation, die Entfernung betroffener Lymphknoten plus Portlegung fest. Brustoperation hieß, den Tumor zu entfernen, und der Port sollte gelegt werden, damit später die Chemotherapie darüber gesetzt werden konnte. So müsste ich nicht immer gepiekt werden, da dieser Port dauerhaft unter die Haut gelegt wird. Dieser wurde auf die gesunde, also rechte Seite in Höhe eines Büstenhalterträgers zwischen Trägerbeginn und Schulter gelegt. Diese Drei-in-einem-OP war gut zu verkraften, und die Narbe auf der linken Brust fand ich fast genial! Dünn wie ein Haar, sonst war nichts zu sehen, dass nenne ich wirklich eine brusterhaltende Operation. Von 25 vorhandenen Lymphknoten wurden neun entfernt, aber davon merkte ich bis jetzt nichts.

Der Port wiederum zwackte mich von dem Moment an, wo er mir eingesetzt wurde. Die Wölbung unter der Haut war auch zu sehen, fand ich auch sehr unschön, aber natürlich waren meine Probleme eigentlich anders gelagert, als dass dieser „Schönheitsfehler" mich tatsächlich gestört hätte. Nachdem mir vor der Operation gesagt wurde, dass ein „Schnellschnitt" heute nicht mehr gern gemacht wurde, müsse ich mich ca. eine Woche in Geduld fassen, bis das endgültige Ergebnis des Brustgewebebefundes vorliege. Ich wusste ja nun, dass es Krebs war, aber wie breit er sich in meiner Brust oder gar weiter gebildet habe, könne man mir erst nach der Operation und der dann ca. einwöchigen Gewebeuntersuchung sagen. Dieser sogenannte Schnellschnitt wird direkt während der Operation gesetzt, und das Gewebe untersucht, aber das Ergebnis ist leider nicht so aussagekräftig wie die labortechnischen Untersuchungen des Gewebes in der Pathologie – und dies brauche nun eben seine Zeit. Leider entstand da nun wieder eine Wartezeit, die an meinen Nerven zerrte.

Kapitel 5

Immer montags fand eine Tumorkonferenz statt, indem sich mehrere Krankenhäuser per Videokonferenz zusammenschalteten und ihre Wissensstände austauschten. Oder auch Vergleiche zogen von Patient A zu B. Finde ich sehr gut! So kann der Arzt nicht nur von seiner eigenen Erfahrung profitieren, sondern auch von anderen Krankenhäusern! Sehr schlau, was uns Patienten natürlich zugute kommt. Hier wurde die Technik endlich mal intelligent eingesetzt. Am folgenden Freitag wurden die Drainagen aus Brust und Bauch gezogen. Autsch, aber es war auszuhalten. Ich fragte natürlich nach den Ergebnissen der Brust, aber es lag noch nichts vor. Nun kam der Samstag, da hätte ich niemals damit gerechnet, dass Ergebnisse bekannt gegeben werden. Ich wurde eines Besseren belehrt …

Ich war allein auf dem Zimmer, was ich rückblickend auch gut fand, denn es wurde nie eine Patientin aus dem Zimmer gerufen oder in einen Rollstuhl gesetzt, wenn jemand nach einer Operation noch nicht laufen konnte oder durfte, aber nein, auch die andere Patientin kam in den Genuss dieser Besprechung, ohne Rückfrage, ob es einem passt oder nicht, sehr pietätlos. Schätze aber, die Ärzte waren diesbezüglich schon betriebsblind und sahen das gar nicht so. Also, was Emotionen betrifft, sind die Ärzte in meiner „Schwarzwaldklinik" auch sehr talentfrei. Selbst gute Nachrichten wurden ebenso ernst überbracht wie schlechte Nachrichten, wirklich ein Kunststück.

Liebe Ärzte! Bitte belegt einen Mentoren- und/oder Rhetorikkurs. Mit Patienten/Kunden kann richtig kommuniziert werden – es ist kaum zu glauben. Manche können das so, manche müssen es eben erst lernen. Also da kommen hier noch Anekdoten – unglaublich!

Also die Ärztin betrat ernst mein Zimmer und setzte sich zu mir und sagte, dass der Befund, bzw. Bericht aus der Pathologie gekommen sei und sie leider für mich schlechte Nachrichten habe. Obwohl der Tumor und das angrenzende Gewebe großräumig entfernt worden sei, sei das „augenscheinlich" tumorfreie Gewebe mit Krebszellen behaftet. Dies hatte übrigens der Schnellschnitt nicht angezeigt, das dazu.

Na, tolle Wurst. – Ich hörte wieder mein Herz in meinen Ohren schlagen. Was nun???

Hm, man könne erneut brusterhaltend nachoperieren oder auch sofort amputieren. Na, noch obertollere Wurst.

Das war genau das, was ich im Moment gebrauchen konnte! Der Bauch heilte nicht so richtig, der Port piekte mich unablässig, und das Programm Chemo und Bestrahlung stand mir noch bevor.

Toll – echt toll. Bei einer Nachoperation, also weiteres Gewebe entfernen – weiß man dann natürlich auch wieder nicht, ob genügend entfernt wurde. Also wieder warten, bis die Ergebnisse aus der Pathologie vorliegen. Ob dann aber an einer anderen Stelle eventuell ein Tumor vorliegt, wüsste ich erst dann, wenn er so groß ist, dass er sichtbar wird. Man hatte von ganz unterschiedlichen Stellen Gewebe entnommen und einige Stellen waren nun positiv und andere Stellen negativ. Toll – noch toller! Auf meine nun folgende Frage an die Ärztin wusste ich schon die Antwort und hoffte aber auf eine andere.

Was soll ich tun? Was raten Sie mir?

Sie sagte, sie könne nur Empfehlungen aussprechen, entscheiden müsse ich selbst.

Auf der sichersten Seite wäre ich, wenn ich die Brust amputieren ließe.

Auch durch die Nachoperation könne die Brust dann optisch unansehnlich werden, da ja schon der 125 g schwere und 7 cm große Tumor großzügig entfernt wurde.

Na prima – eigentlich steht hier ungeschrieben schon die nur eine mögliche Antwort auf die Frage der Ärztin, wie nun weiter verfahren werden solle.

Damit ich in Ruhe darüber nachdenken könne, dürfe ich ab jetzt nach Hause und am Montag mit meiner Entscheidung wieder kommen.

Das war vielleicht ein – sorry – Scheißwochenende.

Ich sprach mit allen mir wichtigen Menschen, um wirklich jede Meinung zu hören.

Vorwiegend Familie und Freunde – wie sollte ich mich entscheiden? Im Stillen hatte ich schon eine Entscheidung, aber so richtig wahrhaben wollte ich die nicht, und sie gefiel mir natürlich nicht. Um verhältnismäßig sicher zu gehen, kam nur eine Amputation in Frage. Mit allen anderen Eventualitäten könnte ich nicht ruhig schlafen.

Meine Familie und enge Freunde sahen es genauso. Lieber eine Brust weniger, aber dafür „auf Erden weilen", anstatt unversehrt und dann zwei Meter tiefer.

Schweren Herzens, schon fast mit einem qualmenden Gehirn bin ich dann wieder am Montag um 8 Uhr im Krankenhaus angetreten. Ich wurde gefragt, wie meine Entscheidung aussehe. Tja, dann „weg damit". Ich war todtraurig. Ne, tot war ich ja noch nicht, nur traurig.

Mir blieb aber nicht viel Zeit zum Nachdenken, denn zwischenzeitlich kämpfte ich ja mit meinem desolaten Bauch herum! Bekam Antibiotika, aber irgendwie heilte die Wunde nicht. Hausmittelchen und Sonstiges wurden mir darauf gepackt, irgendwas müsse doch helfen! Nun hatte ich schon über 10 Kilo abgenommen, aber auch das half meinem Bauch wohl endgültig nicht so wirklich. Die Ärzte experimentierten so an mir herum. Am Dienstag wurde amputiert – und ich war binnen von Stunden um ca. 1200 Gramm leichter. Wie ich später bei einem Verbandswechsel sehen konnte, war die Narbe von Mitte Brustbein bis fast auf den Rücken lang. Empfindungen hatte ich auf bzw. um die Narbe herum keine mehr. Es hieß, durch die Amputation wurden auch Nerven und Muskeln durchtrennt, aber „die finden sich wieder". Ich weiß zwar nicht wann, vielleicht in diesem oder nächsten Leben, aber bis heute bin ich bis unter dem Arm „taub". Wie sagte der Arzt, kommt leider schon mal vor, bei anderen verbinden sich die Nerven und Muskeln wieder – bei mir nun anscheinend nicht.

Die Tragik konnte ich allerdings noch gar nicht so richtig wahrnehmen, denn ich war dick eingepackt. Sah fast so aus wie „mit Brust".

Am Mittwoch kam – so ganz gegen meinen Geschmack – eine Sozialarbeiterin. Quasselte mich voll, was wäre wenn und überhaupt und so. Dinge, die ich eh schon wusste wie zum Beispiel eine Selbsthilfegruppe. Gibt es auch Selbsthilfegruppen für Ärzte und Krankenschwestern? Aber egal, es half mir persönlich nicht wirklich, aber gut, dass es sowas gibt, jeder ist da ja anders. Dass nun mein Krankheitsverlauf heute seinen Höhepunkt erreichen sollte, ahnte ich bis dahin Gott sei Dank noch nicht.

Zwischenzeitlich hatte eine neue Patientin „mein" Zimmer bezogen, leicht hohl, aber nett, was will man mehr.

Ich eierte mal wieder durch das Zimmer, da mein Bauch mir mehr weh tat als meine Brust – und als ich da so auf und ab ging, kam mir ein komischer übler Geruch in die Nase. Außerdem lief mir irgendwas an meinen Beinen herunter. Also mit Inkontinenz hatte ich bis dato kein Problem. Fühlte sich wie eine „Geburt" an, aber Kinder konnte ich nach der Totaloperation nun auch nicht mehr kriegen. Davon abgesehen sicherlich auch nicht in diesem Tempo, denn zwischen OP und diesen Dilemma lagen nur ein paar Wochen.

Die neue Patientin, nennen wir sie mal Frau Müller, eilte auf mich zu und gab mir ein Tempotaschentuch, toll, was mir bei der Menge, was mir an den Beinen herunter lief, gar nichts half. Ich sagte panisch, kein Tempo! Bitte drücken Sie den roten Kopf, damit eine Krankenschwester kommt. Mein Blutdruck war bestimmt auf 190. Ich dachte, nun sterbe ich an so einem Mist! Irgendwas Blödes, wusste ja selbst noch nicht, was es ist!

Eine Schwester eilte ins Zimmer – geschockt eilte sie wieder hinaus – und kam mit Gefolge – aus 8 Personen bestehend – wieder zurück. Ich war fix und fertig und voller Angst.

Schaute nur wie hypnotisiert die Decke an, denn auf meinen Bauch traute ich mich gar nicht zu schauen. Bis zu dem Moment tat mir nichts weh, es war nur unangenehm, dieses dumpfe Gefühl im Bauch, was auch immer die dort taten!

Nun sagte Frau Dr. Krücke, auch diesen Augenblick werde ich nie vergessen: „Es tut mir nun sehr

Leid, aber ich muss schnellstens die vernähte Narbe weiter öffnen." Ich schaute bestimmt wie ein Kaninchen.

„Boh" – sie nahm das Skalpell und öffnete die Bauchnaht – was waren das für Schmerzen – unbeschreiblich. Mein Stoßgebet wurde nicht erhört. Im Fernsehen werden die Menschen doch immer ohnmächtig, nö – ich nicht! Oder warum schlug man mich nicht einfach k.o.? Scheiß was auf die guten Zähne – weg damit, Hauptsache ohnmächtig!

Nö – auch nicht! Ob ich einen „Piep" von mir gegeben habe, ich weiß es nicht, wirklich keine Ahnung. Ich weiß nur, dass mir der Angst- und Schmerzschweiß in Rinnsalen über das Gesicht lief! Rückblickend glaube ich, dass auch Frau Dr. Krücke in diesem Moment ihren Job nicht gerade so toll fand, auch wenn es dazu gehört. Sinn und Zweck der Medizin kann es ja normalerweise nicht sein, dem Patienten bewusst Schmerzen zuzufügen. Sicherlich war es medizinisch notwendig, was mir aber in diesem Augenblick recht schnurz war. Ehrlich, ich hätte alles getan, um diesen Schmerz zu beenden. Wie lang auch immer es nun dauerte, keine Ahnung! Es war nach meinem Empfinden eine Ewigkeit. Irgendwann sagte Frau Doktor, dass am nächsten Tag die Wunde gründlich gesäubert würde. Schätze, nach meinen angsterfüllten Augen zu urteilen sagte sie sofort anhängend: „Natürlich unter Vollnarkose."

Irgendwie – irgendwann – saß ich auf meinem Bettrand und weinte, was das Zeug hielt. Jede Angst, jede Sorge, jeder Schmerz schwappte in mir hoch, und Frau Dr. Krücke setzte sich zu mir – nahm mich in den Arm und sagte: „Sie waren sehr, sehr tapfer – Hut ab."

Sie hatte sicherlich das einzig Richtige in diesem Moment getan, aber ich war nun reif für die Klapsmühle.

Da schnibbelt man mich bei vollem Bewusstsein auf! Notwendigkeit zwar gegeben, aber Horror.

Nachdem ich meinen Heulkrampf überstanden hatte, wurde mein Bett neu bezogen, denn ich „schwamm ja" in Blut, Eiter und Wasser …(Ach übrigens, der Exorzist lässt grüßen.)

Lutz, der mich besucht hatte, war nun sicherlich wieder zu Hause angekommen und Josef, mein bester Freund war jetzt entfernungsmäßig der Nächste an meinem Krankenhaus. So rief ich meinen besten Freund, heulend an und wie ein guter Freund nun mal so ist, er kam wirklich sofort. Josef und seine Frau Maria haben eine Waschküche, was in dem Fall sehr nützlich war, denn mein Schlafanzug musste sofort gewaschen werden oder wäre reif für die Tonne gewesen. Aber ehrlich gesagt, ob ich all dies in diesem Moment gedacht habe, weiß ich nicht mehr. Der ins Gedächtnis eingebrannte Schmerz war so allmächtig, ich glaube, manche Dinge tat ich einfach instinktiv. Mein Lutz möge es mir verzeihen, dass ich meinen liebsten Freund anrief, denn ob ich logisch, wie oben beschrieben, gedacht habe, weiß ich nicht mehr.

Nun auch noch die tolle Aussicht, unter Vollnarkose erneut am Bauch operiert zu werden. Die Narbe war ja vom Bauchnabel bis zum Schambein lang! Tja, wie konnte sowas passieren? Interessante Frage – die es lohnt beantwortet zu werden. Hm, sagte eine Ärztin, dass komme daher, weil Sie nicht mehr rauchten!

Ich kurz vor der (Wut-)Ohnmacht! Wie? Weil ich NICHT mehr rauche???

Also das hatte mir bis dato noch keiner zum Vorwurf gemacht.

Ja, weil ich nicht mehr rauche, ist die Durchblutung besser und deshalb ist mir die Narbe geplatzt. Ne, klar – dann kommt da auch direkt Eiter raus …

Nein, sagte eine andere Ärztin, es liege daran, weil ich ja wegen meines (damals und jetzt wieder) vorhandenen Übergewichtes Zucker hätte, da heile alles schlechter. Ne, auch das ist klar …

Nein, war die dritte Version, es liege schlicht und ergreifend ausschließlich an meinem damaligen Übergewicht. – Was denn nun? – Irgendwie fühlte ich mich veräppelt. Wahrscheinlich stimmte von allem etwas, aber keiner wollte/konnte diese Katastrophe nichts und niemandem klar zuordnen. Von den vielen Erklärungen mal abgesehen, hätte ja auch der Operationsraum unsauber sein können!?

Dies sagte oder mutmaßte niemand, und keiner ließ den Gedanken zu oder sprach es mal aus – auch ich nicht.

Was mich nun total verwunderte war, dass bei jedem täglichen Arztbesuch der entsprechende Doktor sich zu dieser Sache ausließ. Komisch, dachte ich, was haben die denn alle auf einmal? Jeder erklärte oder rechtfertigte sich. Tausend Erklärungen, so dass ich schon ungehalten wurde, wegen dieser ständigen Rechtfertigungen – bis bei mir der Groschen fiel! Auf meinem Beistelltischchen am Bett lag eine Broschüre meiner Krankenkasse mit dem Titel: „Ärztefehler – wie komme ich zu meinem Recht." Ach du liebe Güte! Die dachten bestimmt, ich wetze schon das „Anwaltsmesser". Es war wirklich Zufall, dass bei mir ausgerechnet zu diesem Zeitpunkt die Broschüre lag. Nun verstand ich aber, warum sich jeder vor mir rechtfertigte. Muss heute noch darüber grinsen, wobei es mir zu dem damaligen Zeitpunkt wirklich nicht gut ging und ich überhaupt keinen Grinser für irgendwas übrig hatte.

Kapitel 6

An dem folgenden Samstag wurde der Brustverband gewechselt, zum Vergleich, was dann kam, war das gar nichts. Genau genommen war ja die Brustoperation die schwerere, aber durch den „geplatzten" Bauch trat diese OP fast in den Hintergrund. Natürlich nur augenscheinlich, denn die Brust war ja mein Hauptproblem.

Es wurden die Portfäden und der Zugang aus dem Arm gezogen, der Port wurde das erste Mal gespült. Na ja, mit diesem Ding, außer der Notwendigkeit, konnte ich mich nie anfreunden.

Nachdem meine Bauchnarbe unter Vollnarkose „gereinigt" und nicht neu vernäht worden war, da die Wunde von innen nach außen heilen sollte, musste sehr oft der Verband gewechselt werden, da immer alles durchnässte. Diesen – nennen wir es mal – Mehraufwand – passte einigen Schwestern nicht ganz so gut. Morgens betrachtete ich den Verband, dieser war trocken, so dass ich die Frage der Schwester nach einem neuen Verband verneinen konnte. Eine Stunde oder zwei später sah ich, dass der Verband nass war und klingelte nach einer Schwester. Diese „fauchte" mich auch sofort an, warum ich das vorhin nicht gesagt hätte. Ja, wie denn? Da war der Verband ja noch trocken! Schwester Rabiata meinte sogar, dass könne ich doch auch zu Hause versorgen. Klar, so hätte ich Kosten gesenkt, aber wir sprechen hier von einer

schon mehrfach beschriebenen Wunde vom Bauchnabel bis zum Schambein und von einer mindestens
2 bis 3 cm tiefen Wunde! Wer hätte das versorgen
sollen? Ich selbst? Kann ich um die Ecke gucken?
Ich konnte ja schon nicht selbst hinschauen, wie
dann ein Laie? Der/die hätten mir ja direkt in den
Bauch gebrochen ...

Mir kann auch keiner erzählen, dass zu Hause
die Sterilität so eingehalten werden kann, wie in
einem Krankenhaus. Also lehnte ich vehement diesen Vorschlag ab – und wenn ich hier Monate liege
– egal. Hier fühlte ich mich sicher.

Am folgenden Montag sollte ich umziehen. Von
Zimmer 12 in 10. Ich bekam „Einzelhaft", was ich
ganz in Ordnung fand, da ich mit meiner offenen
Wunde mit manch anderen Patientinnen das Zimmer erst mal nicht teilen konnte. Schwester Rabiata,
die ihren Job wirklich immer gut erledigte, hatte
aber wohl den Blick für die Patienten verloren. So
ähnlich wie „betriebsblind".

Meine Wunde schien sich immer dann zu melden, wenn es wohl gerade sehr unpassend war. Wie
gesagt, es war mir nicht möglich, dies zeitlich zu
steuern und es tat mir jedes Mal Leid, wenn ich die
Schwestern scheuchen musste. Sie versuchten, es zu
verbergen, aber ich sah bei einigen sehr wohl immer
wieder das entnervte Gesicht – Schwester Rabiata
war dafür prädestiniert und dies auch jedes Mal
aussprach, dass man es ja – wie gesagt – zu Hause

versorgen könne. Ich fühlte mich so bedrängt, ja auch als Patientin abgelehnt und so hilflos, dass ich bei wiederholtem Male komplett die Nerven verlor. Sehr laut fragte ich sie, ob sie mich nicht lieber notschlachten wolle, wenn ich hier so überflüssig sei, denn zu Hause traue ich mir diese große Wundversorgung – weder mir noch einem Vertrauten – zu. Was ich ja nun schon mehrfach erwähnt hatte!

Davon abgesehen, diese Person hätte sich ja von mir nicht entfernen dürfen, man wusste ja nie, wann der Verband erneuert werden musste. Und möglichst sollte diese Person arbeitslos oder Rentner sein, damit auch die Tagesversorgung gesichert wäre. Ich bin und bleibe hier solange Patientin, bis die Wunde sich geschlossen hat, und lasse mich nicht „vergraulen". So, da hatte ich meine Wut und meinem Frust von mir gelassen. – Dann bekam ich einen Heulkrampf und war nun auch noch wütend auf mich selbst, aber ich fühlte mich auch so hilflos! Was hätte ich denn machen sollen? Man sah richtig, wie Schwester Rabiata nachdachte und nach einem kleinen Augenblick sagte bzw. fragte, ob ich noch etwas benötige oder noch einen Wunsch hätte.

Ich weiß nicht, ob ich sie wachgerüttelt habe oder sie den Weg des geringsten Widerstandes ging, aber ab dem Moment war sie freundlich und sachlich-nett und bedrängte mich nicht mehr. Ich hatte auch nicht mehr das Gefühl, die überflüssigste Patientin unter der Sonne zu sein und entspannte mich dann endlich nach langer Zeit mal wieder. Nun wurde ohne zu Murren regelmäßig das Pflaster gewechselt, aber dadurch, dass die Haare wieder wuchsen, war dieser Wechsel nicht ganz so lustig. Schwester Rabiata meinte, na, da müsse die Hilfsschwester erneut rasieren, damit es nicht so schmerze. Sprach's – und verschwand nach dem schmerzhaften Wechsel.

Es kam der Abend, „rupf" – wieder das Pflaster abgezogen mit dem Kommentar: Die Hilfsschwester – oder war es eine Auszubildende (?) – sollte nachrasieren. Es kam der nächste Tag, und es graute mir erneut vor dem Pflasterwechsel, und Schwester Rabiata kam bei diesem Gedanken wie bestellt in das Krankenzimmer. Sie wollte gerade das Pflaster abreißen, da hielt ich ihre Hand fest mit den Satz: „Wagen Sie es nicht nun das dritte Mal, das Pflaster abzuziehen!" – Sie zögerte und erklärte, dass sie wenig Zeit habe und wie schon erwähnt, eine andere Schwester nachrasieren solle, aber ich lehnte einen Pflasterwechsel jetzt ab! Sie erledigte ein wenig genervt die Nachrasur nun selbst. Immer noch schmerzhaft, aber bei der Pflasterentfernung jetzt doch wesentlich angenehmer.

Ich weiß bis heute nicht, ob Schwester Rabiata mich nun mochte, aber sie tat immer gewissenhaft ihre Arbeit. Nachdem ich mich nicht animieren ließ, die Wunde zu Hause zu versorgen, bekam ich auf meinem „Minizimmer" eine neue Patientin. Schon erstaunlich – ich dachte – in so einem kleinen Zimmer könnte man nur „übereinander" liegen. Da sieht man mal, wie man sich irren kann. Dabei hieß es ja, wegen meiner Wunde solle ich erst mal allein bleiben. Aber selbst in der engsten Hütte ist Platz, wenn sich Menschen verstehen, und empfindet es gar nicht als so schlimm.

Ich teilte mit einer netten Österreicherin das Zimmer, schade, der Kontakt ist wohl nun abgebrochen, denn auf meine letzte Kurzmitteilung per Handy erhielt ich keine Antwort. Während dieses ganzen „Hin und Her" kam auf Termin eine Mitarbeiterin eines Sanitätshauses. Sie wollte uns Büstenhalter vorführen, die für eine Prothese geeignet oder auch damit bereits ausgestattet waren. Frau Strudelhafen war sehr kompetent und nett, so dass keine Patientin, ohne in Traurigkeit zu verfallen, gern einen Büstenhalter mit Prothese kaufte. Sie ging so locker damit um, es war alles wirklich kein Problem, und Scham kam gar nicht erst auf. Nur in solchen Fällen geht es bei den Krankenkassen auch hier nicht ohne Selbstbeteiligung. Sogar eine Befreiung befreit einen auch nicht so wirklich von allen Kosten.

Wobei es schön gewesen wäre, wenn ich es vorher gewusst hätte, dass „keine Kosten" „doch Kosten" bedeutet.

Nachdem ich so mit meiner Lieblingsärztin – Frau Doktor Kess-Kurzhaarschnitt – sprach und diese recht zufrieden meinen Bauch prüfte, fragte ich, wie lange es denn nun wohl noch dauere bis die Bauchnarbe sich geschlossen habe. Frau Doktor ermahnte nämlich nun langsam zur Chemo, auch wenn der Bauch noch nicht geschlossen war. Was wiederum nicht gut war, denn so viel hatte ich zu meiner – oder allgemein – zur Chemo schon in Erfahrung gebracht, dass das Immunsystem fast ausgeschaltet wird. Das heißt natürlich auch, dass nur wenige rote Blutkörperchen zur Heilung – in dem Fall meiner Wunde – vorhanden wären. Also würde sich das noch mehr verlangsamen, im schlimmsten Fall, so sagte Frau Doktor Kess-Kurzhaarschnitt, ist die Wunde die ganze Zeit meiner Chemodauer offen.

Na, und wieder mal: „tolle Wurst".

Dachte mir, dann kann ich die Wunde auch schließen lassen, auch mit dem Risiko, dass mir die Narbe erneut wieder um die Ohren fliegt.

Vielleicht hatte ich Glück, denn eins war sicher: Bei der Chemo würde garantiert die Wunde nicht heilen. Also sah ich in der ersten Variante „zunähen lassen" meine besseren Möglichkeiten.

Dieser Wunsch wurde auch schriftlich festgehalten, man weiß ja nie – wegen der Kosten.

Ich sah immer schon meinen Nachruf vor mir: Frauke starb am geplatzten Bauch und gesprengten Nerven, aber den Brustkrebs hatte sie prima überstanden (überstehen können). Nun gut, mehr als mit einem erneut desolaten Bauch aus dieser Sache hervorzugehen, konnte mir ja nichts passieren, ich war ja schon geplatzt-erprobt. Also ließ ich mich am 20.06., das war ein Freitag, zustricken, bekam vorsorglich sieben Tage Antibiotika und sieben Tage sollte die Dränage (Wundwasserablauf) bleiben, damit wurde die Wunde supersteril gehalten – und alle warteten. Na, besonders ich, ich war gespannt wie ein Flitzebogen. Ich wurde doppelt-dreifach zugenäht, damit ja nichts aufgeht. Von einem Waschbrettbauch bin ich zirka seit 25 Jahren entfernt und durch meine Gewichtsabnahme war mein Bauch nun mehr als locker! Meine Schmerztabletten, die ich ja anstatt dieser schicken PDA bekam, wurden kommentarlos abgesetzt. Ein Gespräch fiel hierzu aus, passte wohl auch nicht in den Kostenplan. Ich war ja „eh schon teuer".

Statt 14 Tage kasperte ich schon den 43. Tag im Krankenhaus herum. Nach fast sieben Wochen konnte ich mich das erste Mal wieder fast richtig waschen! Was für eine Erlösung! Nicht zu beschreiben. Besuch hatte ich grundsätzlich nur von meiner Familie und engsten Freunden, dies war ausdrücklich mein Wunsch. Telefongespräche mit Bekannten und Kollegen waren auch vertretbar, aber ein persönliches Treffen im Krankenhaus wollte ich nicht, dazu fühlte ich mich seelisch einfach nicht „stabil" genug. Auch meine treue Freundin Michaela kam mich immer regelmäßig besuchen, wobei sie in

Bocholt arbeitete und somit einen sehr langen An-
fahrtsweg hatte.

Ach übrigens, eigentlich war ich wegen Brustkrebs im Krankenhaus, hatte es schon fast vergessen. Mein Zuckerwert war leicht erhöht, aber dieser
rückblickende Langzeitwert beruhte eigentlich aus
meinem vorherigen unsoliden Leben. Schien aber
auch keinen zu interessieren, außer mich selbst.
Hierzu wurde ich schon mal an meinen Hausarzt
verwiesen – was hatte auch das Krankenhaus mit
„meinen Altlasten" zu tun. Wäre für mich natürlich
einfacher gewesen, aber was ist bei Krebs schon
einfach. Ach, soweit war ich ja noch gar nicht, ich
vertrödelte ja noch meine Zeit mit meinem blöden
Bauch, aber so langsam kam in die Sache Brustkrebs
Bewegung.

Am kommenden Mittwoch sollte ein
Chemovorgespräch stattfinden, was es auch tat.
Hui, waren das Informationen, mir qualmte der
Schädel. Natürlich wollte ich alles verstehen und
nichts ungefragt lassen. Hatte mir im Vorfeld auch
einige Fragen schon notiert. Auch hatte ich so gar
keine Vorstellung, was eine Chemo ist, oder wie die
vonstatten geht. Die Ärztin, natürlich korrekter hal-
ber sehr sachlich, hatte aber so gar kein Lächeln
übrig und war leider deshalb auch so gar keine
Sympathieträgerin, sie erklärte allerdings gut, und
ich versuchte, für mich aus den vielen Informationen das Beste herauszufinden. Wirklich, der Krebs

lebt und er ist bei jedem Einzelnen individuell zu betrachten, auch wenn es global gesehen sicherlich Gemeinsamkeiten gibt. Ich wurde ja soweit erfolgreich operiert, aber ob irgendwo noch Zellen „herumschwirren", konnte und kann nicht festgestellt werden. Um nun die Sache noch sicherer zu machen, wird einem hierzu eine Chemotherapie und/oder Bestrahlung „angeboten". Nach der Statistik der Wahrscheinlichkeitsrechnung weiß man natürlich immer noch nicht, zu welchem „Kandidaten" jemand gehört. Also nahm ich dankend das komplette „Rund-um-sorglos-Paket" an, denn sonst hätte ich noch weniger gut schlafen können, was ich jetzt schon nicht tat.

Tja, was ist Chemo? Woher kommt das Wort überhaupt? Chemo kommt von Chemikalien – ah – also sollte ich wohl chemisch gereinigt werden – eine Chemiekeule eben. Gut, das hatte ich bis dahin verstanden. Aus den Statistiken (ach, übrigens hier grüßt mein Arbeitgeber, ich meine natürlich viele Abteilungen davon) und der bereits erwähnten allwöchentlichen Tumorkonferenz ergab, dass für mein Alter und „für meinen Tumor" zweimal vier Chemotherapien vorgeschlagen wurden. Macht acht nach Adam-Riese, die wiederum alle drei Wochen verabreicht werden sollten. Hierzu wurde auf meinen Wunsch hin der Freitag vorgeschlagen, so dass ich, wenn es mir denn gut ginge, ab der dann folgenden Woche hätte arbeiten können. Wie naiv ich war! Ich glaubte tatsächlich, eine Chemo mal eben wegzustecken und dann meinen „normalen" Alltag und Arbeit wieder aufnehmen zu können, als wenn nichts wäre. Die ersten vier Chemos sollten – salopp gesagt – mein Immunsystem herunterfahren. Also bei „Null" wäre ich nun tot, also so weit wie es nur möglich ist, herunterzufahren, um möglichst viele Zellen zu vernichten. Leider zerstört man auch Zellen, die damit überhaupt nichts zu tun haben! Schade, hier kann nicht von Zelle zu Zelle unterschieden werden. Schön wäre es, „böse" raus – „gute" Zellen bleiben. Die anderen vier Therapien sollten vorwiegend auf meine noch verbliebenen Lymphknoten gehen, denn neun waren ja entfernt worden, so dass vielleicht schon in den nächsten Lymphknoten die Krebszellen „schlummerten". Nach diesen acht Chemiekeulen wurde noch eine Bestrahlungstherapie empfohlen, hierzu mussten aber erst zu einem späteren Zeitpunkt die entsprechenden Spezialisten kontaktiert und der Ablauf der Behandlung festgelegt werden. Gern hätte ich noch alles zeitlich geschoben, da ich Angst vor dem Ungewissen hatte, aber andererseits drängte die Zeit.

Nachdem nun anscheinend mir mein Bauch nicht erneut wieder um die Ohren fliegen sollte, denn die Wundheilung sah nun sehr gut aus, auch wenn die Narbe jetzt mehr als gewaltig aussah. Von innen und außen Fäden, über Kreuz und quer, na, das musste ja halten. Aus diesem Grunde sollte nun schon am kommenden Freitag die erste Chemo stattfinden. Ich bekam erneut Angst, so schnell? Es war ja schon Mittwoch, und wenn ich am Freitag die Chemo gut vertrüge, könnte ich ab Samstag nach Hause. Was für ein Lichtblick nach dann nun gesamt – mit Unterbrechungen – 44 Tagen!

Schon bei all den Voruntersuchungen hatte ich mich auf diese erste Chemo ein wenig vorbereitet, indem ich mir schon eine Perücke zugelegt hatte, da ich befürchtete, zu einem späteren Zeitpunkt vielleicht nicht mehr so gelassen und fast entspannt zum Perückenkauf starten zu können.

Auch an diese Sache bin ich ganz überlegt herangegangen und betrat vorher ganz vorsichtig das Chemozimmer, um mich dort einmal umzusehen und mit betroffenen Frauen zu sprechen. Diese Frauen mögen mir nun folgende Schilderung noch jetzt verzeihen. Ich bat die Frauen um Verzeihung, dass ich sie störte, aber erwähnte, dass ich nun bald auch zu diesem „Kreis" gehören würde und erkundigte mich über den Ablauf und wie es ihnen dabei ergangen sei. Auch fragte ich eine Dame, bei ihr sah der Fiffi (Perücke) am scheußlichsten aus, bei welchem Friseur sie dieses „schicke Ding" denn erworben habe. Ich wusste, da würde ich dann auf keinen Fall hingehen! Aber nicht nur der Fiffi war blöd, ich ging nun zur nächsten Dame und quasselte sie an. Diese wiederum hatte eine recht schöne Perücke, aber richtig gesprächig war die Dame auch nicht. Macht Chemo stumm? Ich werde es erfahren.

Ich war erst bei einem Perückenmacher, der Kunde in dem Verlagshaus ist, in dem ich arbeite. Bei diesem Kunden hatten wir versehentlich mal Bilder „Vorher – Nachher" vertauscht. Deshalb sagte ich besser nicht, wo ich arbeite, sonst hätte es vielleicht einen Kahlschlag aus Rache gegeben. Ich kaufte vorsorglich woanders.

Gut, dass ich jetzt dieses „Ding" nun schon zu Hause hatte, denn ab wann die Haare ausfallen – ab der ersten Chemo gesehen, wäre wohl auch recht unterschiedlich und konnte mir keiner so genau sagen. Ich brauchte mich auch nicht der Illusion hinzugeben, dass mir die Haare nicht ausfallen würden, denn eins wurde mir gesagt, und gelesen hatte ich es auch: Es gibt keine Chemo, wobei die Haare nicht ausfallen! Sollten die Haare nicht ausfallen, ist es auch garantiert keine Chemo, vielleicht ähnliches, aber eben keine Chemo.

Also bezüglich Haare brauchte ich mir da keine Hoffnung zu machen. Mir sagte sogar die Ärztin, dass es Patienten gebe, die gingen nach der Chemo arbeiten. Sie habe ja nun wohlweislich die Chemo auf einen Freitag gelegt, so dass ich mich am Wochenende erholen und dann später selbst entscheiden könne, ob ich es mir zutraue, oder meine es verkraften zu können, innerhalb der Therapie zu arbeiten.

Hier bitte jetzt nicht missverstehen, nicht die Ärztin drängte, sondern ich! Ich wollte so schnell wie möglich in mein normales Leben zurückkehren, deshalb kam sie – soweit es möglich war – meinen Wünschen oder eher Vorstellungen entgegen. Aber rückblickend betrachtet, Himmel, war ich blauäugig, also unwissend, da hatte ich wirklich die Rechnung ohne den Wirt gemacht. Am Freitag wurde der Schlauch aus der Wunde des erneut zusammengenähten Bauches gezogen. Es gab Mittagessen, und ich dachte schon, man hätte die Chemo vergessen. Ehrlich gesagt, ich hätte an dem Tag auch nicht gedrängt. Eine Stunde später bekam ich ein Medikament, ach, war das die Chemo? Nee, das war die Vorbereitung auf die Chemo und wäre gegen Übelkeit, also die Chemo würde Übelkeit verursachen? Okay, runter damit. In zwei und sechs Stunden versetzt sollte ich ebenfalls ein Medikament zum Blasenschutz einnehmen. Dann nochmals etwas gegen Übelkeit, es war ein anderes Präparat als das erste, und dann wurde erstmals die Chemo in den Port gespritzt. Injiziert wurde langsam und 10 Minuten später war die Chemo „drin".

Diese Chemo hieß Doxorubicin, so meine ich es in Erinnerung zu haben, und war wie bereits erwähnt zur Vernichtung der Zellen vorgesehen. Sich die Frage zu stellen, warum ich all diese Medikamente vorher nehmen sollte, erklärt sich natürlich ganz von selbst. Die Chemo ist so aggressiv, dass sie nicht nur die Zellen vernichtet, sondern auch den Körper und Organe belastet, eventuell auch so sehr belastet, dass Schäden zurückbleiben – vom Krebs mal abgesehen. Was stand da in einer Broschüre geschrieben?

Sehr häufig:
Blutbildveränderungen, Haarausfall

Häufig:
Störungen der Herzfunktion, Übelkeit und Erbrechen, Mundschleimhautentzündungen und lokale Reaktionen an der Einstichstelle

Selten:
Appetitlosigkeit, Haut- und Nagelreaktionen, allergische Reaktionen, Fieber, Leberfunktionsstörungen

Sehr selten:
Lungentoxizität

Wie sagte ein Arzt: Eine Chemo und Bestrahlung verzeihe der Körper nie. Heute und jetzt glaube und weiß ich es. Die vielen Medikamente hatten nicht nur auf lange Sicht Nebenwirkungen, sondern auch sofort! Gut, übel war mir innerhalb der acht Chemos nicht einmal. Davon blieb ich verschont, aber vielleicht auch deshalb, weil ich absolut vorbildlich lebte und mir wirklich nicht „ein Mal" eine Schwäche erlaubte! Meine Informationen bezog ich von den Fachärzten, Betroffenen und Broschüren. Das Internet habe ich nicht genutzt, da fühlte ich mich überinformiert und bekam noch mehr Angst.

Hier nun Dinge die ich selbst tun konnte:

lockere Kleidung aus Naturmaterialien tragen;
weite, bequeme Schuhe;
möglichst wenig Hände und Füße bedecken;
keine Pflaster auf die Haut;
nur kurz duschen und nicht so heiß;
die Haut nicht zu sehr trocken reiben,
sondern eher tupfen;
keine Körperpflegemittel mit Alkohol
oder ätherischen Ölen;
nicht zu lange knien und nicht zu lange
auf die Ellenbogen stützen;
keine übermäßigen körperlichen Aktivitäten;
gekühlte Getränke zu sich nehmen;

die Leber nicht durch fettes Essen
oder Alkohol belasten;
koffeinhaltige Getränke meiden;
2 bis 3 Liter Flüssigkeit am Tag,
damit die Nieren gut durchgespült werden;
häufig die Blase entleeren;
sorgfältige Intimhygiene betreiben

Dies ist nur ein Auszug aus dem, was mir „mit auf den Weg" gegeben wurde. Manches erklärt sich von selbst. Mit fast keinem Immunsystem bzw. Abwehrkräften kamen auch noch Empfindungsstörungen dazu, Taubheitsgefühl und Muskelprobleme.

Aber mit all den Nebenwirkungen sollte ich leider noch nähere Bekanntschaft machen.

Also an dem Freitag bekam ich nun meine erste Chemo, und das ist ja ein „Sauzeug"! Ich war wie aufgezogen und glaube immer noch, dass eine Chemo eine Droge ist. Keiner schreit zwar nicht nach mehr, aber irgendwie ist das Verhalten wie ein „Abhängiger". Mein Schädel war wie wattiert, und eine Kopfschmerztablette half so gar nichts. Ich quasselte ohne Punkt und Komma. Na ja, das machen vorwiegend Frauen auch ohne Chemo. Außerdem fühlte ich mich wie leicht alkoholisiert. Ehrlich gesagt, für eine Chemo kein schlechter Zustand. Seit dieser Therapie scheine ich mir allerdings das Schlafen „abgewöhnt" zu haben. Angeblich soll das auch eine Nebenwirkung einer Chemo sein, wobei mich Müdigkeit besser getroffen hätte. Schlafen kann ich leider bis heute nicht. Ich kann mich verausgaben, was das Zeug hält, arbeiten, dass ich umfalle, kaputt bin ich dann „wie Hund", nur müde, nein, das bin oder werde ich nicht. Auch ein – bis heute – übler Zustand. Auch im Nachgang der Chemo erhielt ich Tabletten gegen Übelkeit und zum Blasenschutz. Am kommenden Tag, Samstag, durfte ich endlich nach Hause. Nach so langer Zeit endlich wieder heim, ich war richtig glücklich. Mein erster Weg führte mich zu meiner Mutter. Wir hatten täglich – von OP-Tagen abgesehen – miteinander telefoniert. Endlich ein ganz klein wenig Normalität in meinem Leben.

Durch die Chemo litt ich allerdings an Verstopfung und hatte noch ein Medikament im Krankenhaus erhalten. Auch Stunden später zu Hause, es half alles nichts, ich konnte nicht aufs Klo. Ich hatte so Bauchschmerzen, dass ich mir eine Arznei aus einer Notapotheke holte und das half dann endlich. Ich spreche hier aber nicht von irgendeiner Verstopfung, sondern von DER Verstopfung. Es gäbe hier und da eine passende Vokabel, aber das lasse ich mal lieber weg, ich muss ja nicht alles bildlich beschreiben, aber eins ist sicher, ich habe gelitten „wie ein Hund".

Am übernächsten Tag, Montag, wollte ich zu meinem Hausarzt, um mir einige Überweisungen geben zu lassen, denn das Krankenhaus hatte mir schon seine Anforderungen mit auf den Weg gegeben. So sollte ich mir eine Überweisung vom Hausarzt zum Onkologen aushändigen lassen und auch bei dem empfohlenen Onkologen selbst vorstellig werden. Außerdem brauchte ich eine Überweisung zum Gynäkologen Dr. Messer, denn ich benötigte eine weitere Krankschreibung und somit auch einen Auszahlungsschein für die Krankenkasse. Bis jetzt lief das ja alles über das Krankenhaus, nun musste ich mich selbst um alles kümmern. Außerdem brauchte ich bei dem Hausarzt selbst einen Termin und eine Überweisung zum Augenarzt. Durch den erhöhten Zuckerwert verstärkt sich auch der Augendruck, dieser könnte, wenn nicht rechtzeitig etwas dagegen getan wird, zur Augenkrankheit „grauer Star" führen. Hierzu war ich allerdings schon vor meiner Erkrankung in Behandlung.

Dieses ganze Rumgerenne zu den Ärzten kam gut nach so einem langen Krankenhausaufenthalt und einer Chemo! Frustrierenderweise hätte ich mir dieses ganze Gerödel sparen können, denn es war der 30.06., also Quartalsende, und die Arztpraxen hatten Abrechnungstag. Genau genommen hatte ich absolut nicht erreicht, außer dass ich total echauffiert war.

Dachte jetzt so für mich, nun musst du aber was für dich tun, wenn schon keine Ärzte im Zugriff waren.

Meine Freundin Michaela hatte mir ihren sehr komfortablen Stepper geliehen, so richtig mit hohem Griff und Kalorienanzeige. Na, dachte ich, nix wie los und „lief" so vor mich hin. Nach nur 50 Schritten (!) war ich fix und fertig und erneut frustriert. Mein Bauch schmerzte, meine Beine versagten, mir lief der Schweiß in Litern vom Körper, und ich ging mit zitternden Beinen vom Stepper. Ehrlich gesagt, hätte mir jetzt gut eine Zigarette und ein Bier gepasst, aber ich ließ es. Ich knusperte etwas später, als ich mich ein wenig erholt hatte, sehr gelangweilt an meinem Salat … Viel Zeit hatte ich auch jetzt nicht zum Erholen, denn ich musste zum Fädenziehen ins Krankenhaus. Aus der Bauchnarbe sollte nur die Hälfte der Fäden gezogen werden, um auch sicher zu sein, dass die Narbe nicht erneut noch einmal ungewollt aufging.

Am nächsten Tag ging es mir gesundheitlich schon wieder etwas besser, und ich nahm einen neuen Anlauf mit der Ärztelauferei. Logischerweise waren die Praxen voll, da ja gerade das neue Quartal angefangen hatte.

Wirklich toll, ein Lob und Dank noch heute an meine Ärzte, denn ich brauchte, kaum zu warten.

Ich kam mir vor wie bei einem Staffellauf. Vom Hausarzt mit der Überweisung zum Onkologen, vom Onkologen zum Krankenhaus um – sozusagen – für die folgenden Chemos im Quartal zugelassen zu sein. Zum Frauenarzt, wie ich erzählte, um einen

Auszahlungsschein zu erhalten, um diesen bei der Krankenkasse einzureichen – irgendwie muss man ja an Geld kommen. Das zum Thema „Genesung". Ich, „oder jeder andere Patient", habe/hat ja gar keine Zeit sich zu erholen, man rannte ja nur herum!

Im Krankenhaus hatte mich ja der Sozialdienst wegen eines Schwerbehindertenausweises angesprochen und dies weitergeleitet. Auch hierzu meldete sich schriftlich bei mir nun das Versorgungsamt. Gut, dass ich alle Anfragen schriftlich oder auch teils telefonisch beantworten konnte. Nur ein Foto von mir musste ich noch einsenden, wenigstens etwas, was fast problemlos zu erledigen war.

Nun war ich in dieser ersten Woche an jedem Tag bei einem anderen Arzt, und am Donnerstag sollte ein Augenarzttermin meinen „Rundlauf" für diese Woche beenden. Nicht ganz, am Nachmittag wieder ins Krankenhaus, um die zweite Hälfte der Fäden ziehen zu lassen.

Riesig fand ich den Kommentar der Ärztin. „Ich hoffe, ich habe alle Fäden gezogen. Falls Sie was merken sollten, oder sich was entzündet, kommen Sie bitte sofort." Na, prima, das war doch, das was ich brauchte! Schnell kaufte ich mir eine megagroße Lupe, bewaffnete mich mit einem Spiegel, da ich ja auf meinem Bauch „nicht um die Ecke" gucken kann und untersuchte meinen Bauch selbst! Mit einer Pinzette zog ich die letzten Fädchen und war nun endlich beruhigt. – Selbst ist die Frau – Komme ich aber erst mal zurück zum Augenarzt, hier sollte erneut mein Augendruck geprüft werden. Der Arzt schien aber auf der Flucht zu sein! Eine Sporttasche stand da schon, der Arzt war völlig hektisch – stolperte über ein Stuhlbein seines Drehstuhls und entschuldigte sich damit, dass es ja der letzte Tag sei. „Letzter Tag wovon?" Patient tot und nach Diktat verreist, oder was? Er meinte wohl Urlaub und interessierte sich für meine Belange nur so am Rande. Nun gut, fast jeder verdient eine zweite Chance, diese wird er zu einem späteren Zeitpunkt bekommen, aber nicht sinnvoll nutzen, und zu dem Termin stand bei ihm kein Urlaub auf dem Plan, aber das erzähle ich an anderer Stelle.

Nun war schon, wie gesagt Donnerstag, und die erste Chemo war am vergangenen Freitag, und ich litt immer noch an Verstopfung. Nicht mehr so dramatisch wie am Wochenende, aber ich hatte es immer noch nicht im Griff. Von Freitag auf Samstag durfte ich mich dann mit der nächsten Nebenwirkung einer Chemo auseinandersetzen, ich litt nun das erste Mal an Schlafstörungen.

Noch fand ich das nicht so schlimm, musste ja am nächsten Tag zur Zeit nicht früh aufstehen und vor allen Dingen mich nicht mindestens acht Stunden konzentrieren! Aber ich muss wirklich sagen: „*Noch*" fand ich es nicht schlimm … Um mich ein wenig abzulenken, aber auch um meinen Freund

Lutz zu besuchen, ging ich am nächsten Tag, einem Samstag, auf den Trödelmarkt an einer Trabrennbahn. Mein Freund Lutz hatte mich nun schon oft gebeten, und heute wollte ich der Bitte nachkommen. Lutz ging in seiner Freizeit auf Samstags-, teils auch Sonntagsmärkte, um dort Schlüssel anzufertigen und um alles „Rund um die Tür" zu verkaufen. Die andere Hälfte des 6-Meter-Standes wurden Gefrier- und Mülltüten und alles für die Grillsaison verkauft – und hier komme ich ins Spiel. Ich bin keine Marktgängerin und werde es wohl auch nicht werden, aber Lutz war seine Hilfe „abhanden" gekommen, und ich hatte mich in einer geistigen Umnachtung angeboten auszuhelfen. Mein Freund nahm auch noch die Hilfe an. Nun konnte ich nicht zurück, ohne mein Wort zu brechen – und wer mich kennt weiß, dass mache ich nicht. Freunde von weit her kamen, um mich auf dem Markt zu sehen. Frauke und Markt! Zwei Welten, die aufeinander prallten. Man gab mir ca. vier Wochen, bevor ich das Handtuch würfe.

Diese vier Wochen dauern noch heute an, ca. vier oder fünf Jahre später, allerdings durch meine Erkrankung ein Jahr Pause. Diese Büroluft und wenig Bewegung konnte ich gut durch den Markt ausgleichen. Soviel frische Luft – so ca. von 5.45 bis 13 Uhr – hat ja nun nicht jeder, hat mir wirklich Spaß gemacht. Es war auch eine Zeit, wo meine Mutter mich nicht so brauchte. Meine Phobie vor Enge kam da auch nicht zum Tragen, da ja hinter dem Stand nur ausgewählte Leute waren. Als Konsument hatte ich den Markt nicht so wirklich für mich entdeckt, aber als Blitzableiter für mein Leben in der Woche. Lutz freute sich über die „Kauffrau". Schon kehrte Ordnung ein, Statistiken führte ich natürlich ebenfalls, ich war ja leicht durch den Verlag „statistikvorgeschädigt".

Ich konnte Lutz so in den Jahren so manche Zahlen positiv wie negativ vor Augen führen.

Durch meine Idee vergaben wir auch Lollis, wenn Kunden besonders viel kauften und Kinder dabei hatten. So blieb mir auch ein Kunde in guter Erinnerung. Er klagte über Geldmangel und wie viel alles koste und jammerte und klagte so vor sich hin, gar nicht direkt auf uns gemünzt, einfach nur so. Ich hatte nun genug gehört und fragte: „Boh, willste 'n Lolli?" Stille – dann mussten wir alle lachen. Ein anderes Mal kam eine Frau die fragte: „Haben sie Tüten, die – und nun machte sie eine Handbewegung, so als wenn sie sich etwas über den Kopf stülpen wollte, darüber gehen?" Äh, was wollte die Frau? Nochmals nachgefragt – und wieder zog sie sich symbolisch etwas über den Kopf. Himmel, wollte die sich umbringen? Was macht man mit Mülltüten über den Kopf? Was muss ich entgeistert geguckt haben.

Ah, sie meinte Haarfärbehauben! Gott, ich wäre niemals darauf gekommen.

Neee, hatten wir nicht. Ein anderes Mal kam eine Frau, die nach großen Mülltüten fragte. Klar, hatten wir. Sie nahm eine Mustertüte und hielt diese der Länge nach bei ihrem Mann an. Ja, da passte „er" rein.

Ach du liebe Zeit, was hatte diese Frau nun vor?

Sie wollte nur Müllsäcke, um die Wintersachen wegzupacken. Nun, frage ich mich noch heute, müssen diese Hosen der Länge nach eingepackt werden? Diese zu falten wäre billiger gewesen, aber egal, jeder wie er mag. Den Klopper in Grammatik ergab folgende Geschichte. Lutz hatte auf dem Preisschild stehen: Schlüssel – bunt – Preis XX.

Da kam eine junge Frau und gab ihren Schlüsselbund ab. Lutz fragte: „Welchen Schlüssel soll ich nachmachen?" Ja alle – für den Preis (wie auf der Preisliste angegeben) XX. Also „Bund" und „bunt" ist ja nun nicht das Gleiche!!!

Das erklär mal jemandem ….

Und diese Geschichten fand ich toll und wirklich entspannend, ich zehre teils heute noch davon.

Komme ich zum Eingang dieser ganzen Geschichten zurück – ich besuchte nun meinen Freund Lutz auf dem Markt – ich war meines Erachtens nach schon eine Ewigkeit nicht mehr dort gewesen. Was hatte sich bis dahin nicht alles ereignet! Ich hatte so viele gute Wünsche erhalten, und Lutz hatte Geld gesammelt, dass ich sprachlos war von dieser Aufmerksamkeit und Zuwendung, schließlich war ich noch nicht ganz so lang dabei. Ich hatte vergessen, dass nicht nur ich gelitten hatte, sondern auch meine Familie und Freunde – sie bangten um mich und litten mit mir!

Lutz' Mutter, nenne ich sie hier mal Ingrid, hat nun ihren Sohn begleitet, seitdem ich nicht mehr konnte. Heinz, ihr Mann war plötzlich an einem Herzinfarkt gestorben, und ihr ältester Sohn lag im Koma in einem Pflegeheim durch – nenne ich es mal – ein unsolides Leben. Wobei er – übrigens mit Künstlernamen „Mono" – wahrscheinlich auch so erkrankt wäre, durch eine genetische Vorbelastung. Er war Musiker und machte tolle Musik, auch für den Fußballverein RWE. Diese Familie, hier mal namentlich „Hopfen" genannt, stand mir voll zur Seite, und ich schätze sie nun noch mehr als vorher. Schade, dass Heinz so manches leider – oder auch Gott sei Dank – nicht mehr miterleben durfte oder musste. Lukas, meine – Himmel, wie soll ich sagen – bessere Hälfte – hatte mir ebenfalls mit allem zur Seite gestanden, ich bin ihm da heute noch zutiefst dankbar.

Tja, so trabte ich nun auf den Markt, aber ich war oder bin danach zu Besuch nie wieder aufgetaucht, es fiel mir zu schwer oder ich wäre schwermütig geworden. Lutz sagte oft, ich sollte doch mal vorbeikommen, aber ich tauchte seitdem nicht wieder auf, irgendwie war das für mich „unser Kind", daneben zu stehen konnte ich erneut nicht mehr ertragen. Komme ich zurück zu meiner Krankheit. Von meinem Chef hatte ich einen Gutschein für „Amatrallala.de" geschenkt bekommen. Diesen löste ich an diesem Samstag ein. Vielen lieben Dank nochmals an dieser Stelle – ich habe mich wirklich sehr gefreut, aber ich stellte fest, dieses Einlösen war gar nicht so einfach. Also dieses „Hin-und-her-Geklicke" ging mir so ein wenig auf die Nerven, aber andererseits ist das natürlich eine schöne und bequeme Sache.

Zwischenzeitlich waren nun mit Blessuren und Hindernissen einige Tage vergangen, und ich musste zur „zweiten Ziehung" der restlichen Fäden ambulant ins Krankenhaus. Wieder Warterei, die gepflegt an meinen Nerven zerrte, aber sowas tangiert ja im Krankenhaus nicht wirklich jemanden. Nun gut, alles überstanden – nun konnte ich wieder zum „Wunden-lecken" nach Hause.

Hm, war da nicht was mit Haarausfall? Gott sei Dank, nichts zu sehen.

Auf meinem Stepper schaffte ich von 50 Schritten nun schon 55 bis 60.

So plätscherten einige Tage einfach dahin, und ich erholte mich ein wenig. Zu Hause ist es doch am schönsten!

Immer am zehnten Tag nach der Chemo wurde Blut abgenommen, um zu sehen, ob die Chemo gut angeschlagen ist oder keine „Katastrophen" ausgelöst hat, denen man vielleicht hätte gegensteuern können, ebenso das gleiche Spielchen zwei Tage vor der Chemo. Hier war die Frage, ob die Chemo nach ärztlichem Aspekt, also laut Blutanalyse, durchgeführt werden kann.

Nun sollten ja angeblich nach ca. zehn Tagen die Haaren ausfallen – ich sah immer noch nichts. Es vergingen 14 Tage …

Kapitel 7

Nun kam der 17. Tag und ich hatte irgendwie den bevorstehenden Haarausfall komplett aus meinem Kopf gelöscht. Ich schaute an dem besagten Tag beim Zähneputzen so ins Waschbecken und dachte: „Na, da hätte man mir aber auch das Waschbecken sauberer hinterlassen können." Aber da ging mir schon ein Licht auf! Es war keine andere, außer mir selbst! Vielleicht hier nun unverständlich, aber trotzdem ich es wusste, dass ich die Haare verliere, in dem Moment wo ich meine Haare im Waschbecken sah, liefen mir nach dieser Erkenntnis die Tränen.

Ich kämmte mich nicht mehr und dachte, vielleicht kann ich mich ja noch einen oder zwei Tage „rüberretten". Es war ein Samstag – ich weiß es noch wie heute. Ich fuhr abends zu Lutz, und wir hielten erst mal „Smalltalk", aber Lutz merkte sofort, dass was nicht in Ordnung ist. Ich zog so an meinen Haaren herum und hatte diese büschelweise in der Hand. Lutz litt mit mir, und es hat ihn sicherlich eine riesige Überwindung gekostet, als ich ihn bat, mir die Haare nun abzurasieren. So ein „Supergerät" hätte ich mir vorsorglich schon gekauft. Um es Lutz leichter zu machen, sagte ich, es sei alles in Ordnung und schon okay so. Natürlich war nix okay! Ich litt wie ein Hund. Wer lässt sich, wenn nicht aus einer Not heraus, freiwillig die Haare abrasieren?

Ach, doch da gibt es jemanden. Lukas, der hat sich während seiner Militärzeit für 100 DM damals die Haare abrasieren lassen. Der Gute ist auch für jeden Blödsinn zu haben.

Ich weiß nun nicht mehr, wer mehr weinte bei der Rasur, aber wir waren „bedient" für den Rest des Abends. Meine Perücke kam ab jetzt allerdings nur bei „offiziellen" Anlässen zum Einsatz, wie ein Arzttermin, Chemo usw., ansonsten trug ich fast mit Begeisterung eine Schirmmütze (Baseballcap), dass passte auch viel besser zu mir! Auf die Idee hatte mich meine Freundin Michaela gebracht, und es war auch äußerst praktisch, man konnte es mal „eben auf- und absetzen". Die mir damals empfohlenen Kopftücher, da die (Kopf-)Haut durch die Chemo sehr empfindlich wird, blieben ungenutzt im Schrank. Die 30 Euro hätte ich mir auch sparen können, da war ich wohl mit meinem Kauf zu voreilig. Also ich kam mit meinem „Käppchen" bestens zurecht.

Übrigens vergaß ich manchmal, überhaupt während meiner Genesung, dass meine Familie, Freunde, Bekannten und Kollegen mitlitten. Manchmal bekamen sie mit voller Wucht meinen Unmut meine Verzweiflung und Traurigkeit zu spüren. Ich traf aber immer auf vollstes Verständnis, na manchmal vielleicht auch Hilfslosigkeit, denn wo steht geschrieben, wie man sich einer Krebskranken gegenüber verhält? Was ist richtig oder falsch oder besonders gut? Dies kann nur ganz individuell gesehen und nicht global beantwortet werden. Was für mich gut ist oder war, muss nicht für andere Erkrankte gelten.

Aber wer weiß, vielleicht ist dies der Ratgeber schlechthin.

Kaum hatte ich nun alle Widrigkeiten der ganzen Erkrankung und der ersten Chemo so halbwegs verarbeitet, war auch schon der zehnte Tag nach der Chemo erreicht, so dass ich an diesem besagten Tag zur Blutabnahme „nach Chemo" musste. Die dafür zuständige Schwester war wirklich eine besonders nette, sie mochte ich sehr. Niemand brauchte hier lange warten, eine der wenigen entspannten Termine, wobei sich keiner der Patienten aufreiben musste. Erfreulicherweise wurde mir das Blut aus dem Arm abgenommen, an meinem Port stocherte keiner herum – Gott sei Dank. Hier wurden die Werte geprüft und der vorherigen Abnahme gegenüber gestellt. Sollten die Werte Besorgnis erregend ausfallen, so hätte immer – bei dieser straffen Kontrolle – rechtzeitig gegengesteuert werden können. Schließlich hatte der eigene Körper ja „Chemie pur" verpasst bekommen.

Nun hatte sich auch noch mein Mittelfinger am Nagelbett entzündet, und ich dachte, es hätte was mit der Chemo zu tun. Nein, dies stand dazu in keiner Verbindung. Ich bekam aber netterweise eine Kreme, die die Entzündung hemmen sollte. Prima, diese Kreme war fast schwarz und versaute meine Sachen. In dieser ganzen Zeit hatte nun gerade meine Mutter eine schlechte Phase. Sie hatte Durchfall und manchmal war der Stuhl ganz schwarz. Habe auch sofort vor lauter Panik die Hausärztin angerufen, die auch noch an diesem Abend kam. Wie sich rausstellte, meine Mutter hatte es leider vergessen zu erwähnen, sie habe Eisentabletten genommen - und die färben manchmal den Stuhl schwarz. Na, toll (nun schreibe ich aber nicht Wurst!!!). Also Entwarnung, ich konnte mich wieder beruhigt – und meine Mutter auch – zurücklehnen. Ein Problem weniger. Meine Mutter erholte sich nach dem Verzicht dieser Tabletten auch sofort. Ich weiß bis heute nicht, warum sie die auf einmal eingenommen hat.

All diese Widrigkeiten verschluckten Tage, und schon waren es zwei Tage vor der nächsten Chemo, wobei ich auch hier zur Blutabnahme musste. Dies fand wie diese „zehn Tage nach Chemo" nach jeder – und 2 Tage vor – Chemo statt. So war wirklich eine engmaschige Kontrolle des Befindens und der Wirkung der Chemo möglich. Nun sollte ich ja das erste Mal in diesen sogenannten Chemoraum. Die erste Chemo hatte ich ja bei meinem stationären Aufenthalt im Krankenhaus besser gesagt -bett erhalten.

Ich hatte vom Krankenhaus für die Krankenkasse eine Bescheinigung erhalten, dass ich selbst nicht

Auto fahren dürfe, so dass eine Taxibeförderung befürwortet wurde.

Hier hatte ich ein besonders nettes Taxiunternehmen erwischt. Herr Margaretenhöhe war immer sehr zuverlässig, nett und zuvorkommend.

Nun kam der nächste Freitag, wobei ich mich laut Informationsblatt eine halbe Stunde vor Termin einfinden sollte. Ich war sehr aufgeregt und war schon sehr früh aufgestanden. Die Perücke musste ich jetzt ja auch aufsetzen. Ich war mehr als rechtzeitig im Krankenhaus und andere Patienten fanden sich auch so langsam ein. Es war eine recht lockere Stimmung, nur innerlich war und blieb ich bedrückt und angespannt.

Ebenfalls in dem Informationsblatt stand, dass für Brötchen und Getränke gesorgt wird, aber da ich so pingelig bin, hatte ich mir ein paar Schnitten gemacht und auch was zu trinken eingepackt. – Diese ausgelatschten Brötchen kann auch jemand anderes essen, außerdem machten diese Labberbrötchen auch keinen „schlanken Fuß". Kein Vollkorn – nichts! Ich, die sonst schlappe 85 Kilo auf die Waage brachte, machte nun nach 13 Kilo Abnahme einen auf „Schlank" oder „Öko", eben einen auf „Ganz gesund". Lutz, hatte mir eine Frischhaltedose in Herzform geschenkt mit einem Hologramm darauf – ich war ganz hin und weg, da schmeckt die Schnitte gleich noch besser. Ich maulte aber trotzdem herum, mit was denn die Schnitten belegt waren, aber was ein Blödsinn! Ob ich die Schnitten vielleicht selbst gemacht hatte? Ich konnte mich höchstens selbst anmeckern. Aber irgendwas zu nörgeln muss man ja haben …

Nun waren alle so ca. wie gewünscht eine halbe Stunde vor Termin anwesend, aber die Ärzte hatten zu dieser Zeit immer ihre Visite. Sehr schlau … Ich krieg' hier schon wieder einen Hals …

Gut, nun wurde es so langsam halb zehn, manchmal auch später, und nun trat der diensthabende Arzt in Erscheinung.

Wer zuerst da war, bekam auch schon die Vorbereitung zur Chemo. Bei mir ging es über den Port und diente dem Blasen- und Nierenschutz. Dies musste nach Verabreichung mindestens eine halbe Stunde wirken, bevor die Chemo in Spritzenform in den Port verabreicht wurde. Um all die Chemie schnell wieder auszuschwemmen, trank ich wie eine Verrückte. Am Tag der Chemo – ich schummele nicht – trank ich mindestens sechs Liter Wasser! (Versucht das bitte mal nur einen Tag nachzumachen!)

Deshalb musste ich sehr oft von der Chemie zum Port „abgestöpselt" werden, damit ich auf Toilette gehen konnte. Habe bewusst nicht lange angehalten, sondern – so Leid es mir für das Personal tat – bin ich aufs Klo gegangen, damit die Chemie ebenfalls nicht lang in der Blase verweilen musste! Die waren natürlich nach dem x-ten Mal ein wenig entnervt, aber ich konnte/wollte es auch nicht ändern. Zumal – übrigens bis heute – ich nach der Unterleibsoperation nicht mehr so lange einhalten kann und ich muss auch mindestens ein Mal pro Nacht auf die Toilette.

Während ich hier meine Vergangenheit in monatelanger Arbeit niederschrieb, hörte ich, dass eine gute Kollegin an Brustkrebs erkrankt ist. Ich würde so gerne helfen und tollerweise rief sie mich an, dafür bin ich ihr dankbar. Schwer zu erklären, aber ich meine, mit meinem Wissen was bewegen zu können! Ich hoffe auch hier und jetzt, dass ich mit meinen Kämpfergedanken und Wissen meiner Kollegin helfen, aber sie auch motivieren konnte. Hier sei auch erwähnt, dass es mir selbst hilft, nicht „Totschweigen" hilft wirklich!

Nachdem ich nun die zweite Chemo intus hatte, begleiteten mich dieselben Nebenwirkungen wie beim ersten Mal. Verstopfung und Schlaflosigkeit regierten mein tägliches Leben.

Nun hatten sich drei Kolleginnen und mein Chef zum Kaffee angesagt. Am Vormittag allerdings hatte ich die linke Seite meines Schlafzimmerschrankes aufgeräumt, d. h. alte Sachen in die Altkleidersammlung gegeben und den Rest neu geordnet, irgendwie musste ich mich ja bis zum Kaffeebesuch beschäftigen. Ich freute mich riesig, dass ich Besuch aus der Firma bekam, endlich mal wieder Alltag. Auch wenn ich selbst an der Arbeit zurzeit leider nicht teilnahm, so war darüber zu reden auch schon mal was!

Als Geschenk hatten sie mir aus dem Unternehmen, wo wir alle tätig waren, von dem gesammelten Geld einen gebrauchten Laptop gekauft, und da ich so unter Allergien litt, hatten sie es auch nicht gewagt, Blumen mitzubringen, sondern stattdessen „nicht-blühende" große Zweige, die mit 63 Herzen (!!!) bestückt waren. Auf jedem Herzen befand sich eine Widmung oder ein Leitspruch von einer Kollegin oder einem Kollegen. Nun bin ich kein Mensch, der gern Gefühle zeigt, schon gar nicht so öffentlich, sondern grundsätzlich nur ganz privat, aber da war ich hin und weg – so viel Anteilnahme! Es hat mich wirklich tief berührt, auch heute noch – und es tat so gut, und ich kriege heute noch Gänsehaut.

Kapitel 8

Am nächsten Tag hatte ich mir einen Termin zur Akupunktur geben lassen. Dachte mir, kann ja nicht schaden. Vielleicht hilft es ja, dass mir das „Nichtrauchen" leichter fällt oder eben allgemein den Willen und das Allgemeinbefinden stärkt. Die Krankenkasse übernahm davon leider nichts, aber was tut man nicht alles für sich selbst, solange das Portmonee es hergibt. Toll war es auch bei meinem Hausarzt, dass ich wegen meiner schweren Erkrankung wirklich fast nie warten musste. Nun war ich schon dran, und er setzte die Nadeln. Eine von diesen vielen stach er mir in den Kopf. Äh …. Ich sagte: „Die hilft nichts, Herr Doktor." – „Wieso hilft das nichts?" fragte er. Nun – sie steht in der Perücke, *was* soll die da helfen? Er tat so, als wenn nichts wäre, keine Miene verzogen, schwub die Nadel raus und woanders rein und sagte: „Da hilft die genauso." Schätze, der musste im Stillen genauso lachen wie ich, aber jeder möchte ja die Form wahren. Für mich war wichtig, dass ich überhaupt was machen konnte, um nicht einfach nur „machen zu lassen" oder hilflos zuzusehen. Ich sag mal, die Akupunktur half!

Meine Narben schmerzten, denn sie waren ja alle noch frisch.

Nun stand ich am Fenster und schnappte ein wenig frische Luft, da sah ich wie mein Nachbar, aber auch zugleich Freund mir beim Rückwärtseinparken in mein Auto fuhr. Na, supi, ich hatte ja noch nicht genug Probleme am Hals.

Branko merkte es natürlich sofort, sah mich außerdem auch später am Fenster und sagte, er werde es sofort seiner Versicherung melden. Die Abwicklung und Behebung gingen wirklich problemlos. Nichts geht über anständige Leute bzw. Freunde.

Na, mal etwas!

Wie seit Neuestem war die Nacht mal wieder eine Katastrophe, also Schlafen schien ich mir durch die Chemotherapien abgewöhnt zu haben.

Am 14.07. hatte ich einen Termin im Sanitätshaus, denn ich sollte einen weiteren Büstenhalter erhalten.

Irgendwie waren nun schon fast wieder drei Wochen um, so dass schon die nächste Chemo anstand. Am 16.07. war es nun zwei Tage vor der Chemo, so dass ich ins Krankenhaus zur Blutabnahme musste.

Meine Mutter hatte zurzeit eine etwas schlechte Phase, so dass ich mich nur schwer auf meine Chemo konzentrieren konnte, aber irgendwie klappte doch alles. Mutter hatte sich wieder gefangen, und nach der Blutabnahme fuhr ich abends zu Lutz. Lutz, aber auch seine Mutter, taten mir immer gut. Ich wurde immer so schön bemuttert. Nun möchte ich aber meine Mutter in Schutz nehmen, sie hätte für mich ihr Leben gegeben, wenn es denn geholfen hätte, aber mir war meine Mutter Hilfe genug, indem sie gut auf sich aufpasste, so brauchte ich mir dazu keine Sorgen zu machen, das war schon die halbe Miete. Lukas half so gut er konnte, und es war immer Verlass auf ihn, wenn man ihn braucht, ist er immer da – ein absoluter Freund. Wer ihn zum Freund hat – hat im Leben schon was gewonnen!

Nun nahte der Tag der nächsten Chemo.

Thomas, ein weiterer Freund und ebenfalls Nachbar, hatte netterweise für zwei Tage etwas vorgekocht, so dass ich meine Mutter versorgt wusste. Das half sehr! So brauchte ich mich nur auf mich selbst zu konzentrieren. Gegen halb neun am 18.07. wurde ich von dem beauftragten Taxi abgeholt und hatte schon eine Stunde vorher Tabletten gegen Übelkeit eingenommen.

Auch die intravenöse Spritze, also der Vorlauf der Chemo, war erneut wieder gegen Übelkeit.

Dann musste – wie ich schon berichtete – ca. eine halbe Stunde gewartet werden, dann wurde die Chemo gespritzt, dann kam der Nachlauf. Also wieder etwas gegen Übelkeit und Blasenschutz. Tabletten erhalten für zu Hause gegen Übelkeit, Erbrechen und wiederum Blasenschutz.

Immer wieder erwähnte ich, dass ich viel abgenommen hatte, ich erhielt zwar Bewunderung, aber interessiert hat es nicht wirklich jemanden – wie sich rausstellte, war das ein fataler Fehler! Der Krankenschwester, die schwerpunktmäßig die

Chemopatienten betreute, hatte Urlaub, so dass ich es der Vertretung und der Ärztin sagte. Ich überlegte, wie wohl die Chemomenge festgelegt wird und fragte nach. Nun, Gewicht und Alter wären u.a. Faktoren, die ausschlaggebend seien. Na super! Gewicht! Bei der ersten Wiegung hatte ich ca. 9 Kilo mehr! Nun wurde ich leicht stinkig, denn so eine Chemo ist ja keine Vitaminspritze. Da hätte ich ja mal was sagen können, meinte die vertretende Krankenschwester. Ich wurde lauter und sagte, ich hätte es nun schon mindestens dreimal erwähnt, ich konnte ja sogar die Namen nennen, mit wem ich gesprochen hatte. Äh, na ja, wenn Vertretung gemacht werde, könne das alles ja mal vorkommen und sei ja nicht so schlimm. Also hier mal so unter uns, was heißt nicht schlimm? Es ist ja auch nur mein Körper, der „versehentlich" mit „zuviel" Chemie vollgepumpt wurde. Ne, ist ja nicht so schlimm …

Nun war auch schon die dritte Chemo vorbereitet, und die Krankenschwester schaute mich fragend an. Was hätte ich denn sagen sollen? Ich verzichte? Also habe ich „bewusst" die dritte Chemo zähneknirschend zu hoch dosiert über mich ergehen lassen.

Täglich erhöhte ich die Schritte auf meinem Stepper. Ich kam mir schon wie eine Leistungssportlerin vor, bei 40 bis 50 Schritten. Na, von geplatztem Bauch und so halb tot auf 40 bis 50 Schritte hocharbeiten war ja auch schon was!

Ich erholte mich, war aber leider immer noch recht schlaflos. Räumte weitere Schränke auf und aus, traf mich mit Freunden und Kolleginnen und trank mit ihnen einen Kaffee. Bügelte, putzte, ging zu Ärzten – ja, so verging die Zeit sehr schnell.

Bei einem Hausarztbesuch wurde nun festgestellt, aber auch nur, weil ich um eine Blutabnahme des Zuckerwertes bat, dass dieser viel zu hoch ist.

Ich wurde in der Vergangenheit im Krankenhaus schon darauf hingewiesen und dass diese nicht für eine Lösung oder Behandlung zuständig seien, sondern mein Hausarzt. Das Krankenhaus ermittelt wohl die Werte und die, die im Zusammenhang mit der Chemo stehen, werden auch von dort betreut und auch behandelt, aber mein Zuckerwert war nun schon vorher zu hoch. Da sich der Zuckerwert aber auch durch die Chemo erhöhte, denn ich hatte ja an Gewicht verloren, half mir auch nichts, denn ein Diabeteszentrum gab es in dem Krankenhaus nicht, da hätte ich in ein Nachbarkrankenhaus gemusst. So ging ich direkt zu meinem Hausarzt. Hier wurde ich in die Gerätschaften und Handhabung für und bei einem Zuckertest eingewiesen und musste mich nun täglich mit einer kleinen Nadel traktieren. Die Spätfolgen eines nicht behandelten Diabetes sind schlimm, so dass ich wirklich Ängste ausstand und sehr eifrig prüfte, um mit Ernährung und Tabletten gegenwirken zu können. Normale Werte, die mir als Nichtmedizinerin bekannt sind, belaufen sich um ca. 60 bis 70 Milliliter pro Deziliter (ml/dl), ich aber lag mit meinen Höchstwerten bei weit über 400. Leider machte jede Chemo meinen einigermaßen guten Zuckerwert wieder zunichte. Es kommen später noch Werte zustande, die mir wirklich solche Angst gemacht haben, dass ich schon mal drauf und dran war, an einem Chemowochenende einen Notarzt zu rufen oder zu befragen.

Nun hatte ich durch die blöden Chemos ein ganz rotes Gesicht. Es brannte wie Feuer und es sah aus wie Neurodermitis. (War aber keine.)

Tja, auch hier zuckte man mit den Schultern, denn auch das war eine Nebenwirkung der Chemos. Ein wenig Kreme sollte das Ganze lindern.

Zwischenzeitlich wechselte ich das Sanitätshaus, denn mit diesem hatte ich mich irgendwie überworfen. Ich hatte einen Badeanzug zur Umarbeitung abgegeben, und dieser sollte an dem Wochenende fertig sein, an dem ich mich auch zum Schwimmen verabredet hatte, aber leider lag da wohl ein Missverständnis vor. Nun war ich natürlich verärgert und auch enttäuscht und dachte schon, dass ich nicht schwimmen gehen konnte. Ich erbat mir mein Rezept für diese Umarbeitung zurück und ging in ein anderes Sanitätshaus. Dort waren sie so nett und erledigten es noch am selben Tag, so dass meiner Schwimmeinlage an diesem Wochenende nichts mehr im Wege stand. Und schon wieder stand die Blutabnahme – zehn Tage nach Chemo – an. Schnell verging die Zeit. Die nächste Chemo nahte ebenfalls, es war der 08.08.2008. Eher ein Datum zum Heiraten, anstatt sich eine Chemo verpassen zu lassen. Auch wenn die Chemo Leben rettet, lag mir diese jedes Mal im Magen, und ich hatte eine Abneigung gegen diese Chemiekeule, aber da musste ich durch, denn ich wollte dem Krebs natürlich keine Chance geben. – Auch diese Chemo verpackte ich recht gut.

Kapitel 9

Ich hatte in den letzten Wochen meinen alten PC-Tisch entsorgt und mir einen Sekretär bestellt. Dieser kam und musste nun zusammengebaut werden. Ich dachte, der käme in einem Stück! Toll, so wurde netterweise durch Lukas' Hilfe aus diesen vielen Einzelteilen ein Sekretär.

Inzwischen hatte ich mir angewöhnt, soweit ich es konnte, vorwiegend mittwochs mit Lutz schwimmen zu gehen. Bei irgendeinem Tauchgang hatte ich Wasser ins Ohr bekommen. Nun, ich kannte sowas natürlich aus der Vergangenheit, denn welchem Schwimmer ist es nicht schon passiert, aber diesmal wurde ich das Wasser aber nicht mehr los!

Was für ein „schitt" – ich wippte immer den Kopf nach rechts, es half nichts. Ich hämmerte mit dem Handballen auf die rechte Kopfhälfte, auch dies half nichts! Bekam schon Kopfschmerzen von der Herumhampelei. Meine Hoffnung war noch, dass über Nacht das Wasser herauslaufen würde, aber Pustekuchen! So latschte ich leicht gefrustet zum Hals-Nasen-Ohren-Arzt, ich hatte ja wohl noch nicht genug Ärzte in meinem Repertoire. Auf jeden Fall konnte mir dort schnell geholfen werden – nur irgendwie hatte ich seitdem ein wenig den Spaß am Schwimmen verloren. – Blöder Lauschlappen!

Zwischenzeitlich kam auch schon so langsam die Angst vor dem Wechsel der Chemo hoch. Die ersten vier Chemos, die ja mehr auf das Blut gingen, also Zellen zerstören sollten. Leider kann der Körper hier nicht unterscheiden: „Du bist eine gute Zelle, du bleibst – und du bist eine Krebszelle, dich zerstöre ich." Also diese erste Reihe dieser Chemo hatte ich ja nun wirklich recht gut überstanden – die nun folgenden vier sollten wiederum mehr auf die Lymphknoten gehen. Hm, ein wenig mulmig war mir schon, was erwartete mich da an Nebenwirkungen? Aus einem Vorgespräch wurden mir alle Eventualitäten der Chemo „Taxotere" aufgezählt. Unter anderem wurde ich darüber informiert, dass diese Chemo in der Regel besser vertragen wird, als die, die mehr aufs Blut ging. Bei der zweiten war auch die Gefahr der zu starken Belastung der Blase und Nieren noch höher. Meine Zuckerwerte würden auf jeden Fall darauf ansprechen, so dass ich diese gut beobachten sollte.

Taxotere verursache sehr häufig Nerven- und Empfindungsstörungen. Auch könnten dadurch Haut-, Gewebe-, Gefäß- und Nagelveränderungen hervorgerufen werden. Schaurig war für mich der Gedanke, Finger- oder Fußnägel zu verlieren.

Fast jeder litte währenddessen an Stomatitis. Schon lernt fast jeder wieder etwas Medizinisches dazu: Hierbei handelt es sich um eine Entzündung der Mundschleimhaut.

Von den „Kleinigkeiten" der möglichen Erkrankungen will ich hier gar nicht reden, aber wenn man das hört oder hier liest, stellt vielleicht mancher erstmal kurz die Chemo erneut in Frage. Aber mit der Aussicht, ohne diese Chemo die Chance des Überlebens um mehr als 50 % zu senken, lässt mich all die anderen Krankheiten vergessen. Ich hatte schon bei der letzten Chemo der ersten Viererserie in den Chemoraum hinein gefragt, ob jemand mir etwas zu Taxotere sagen könnte, also deren Erfahrungswerte. Aber alle verstummten im Raum – alle schauten mich an – und schwiegen bis heute. Anscheinend halten alle nur still und lassen sich die Chemie „reinjagen" ohne vielleicht wirklich verstanden zu haben, *was* sie da tatsächlich erhalten oder auch was es auslösen könnte. Andererseits interessiert es auch manch Betroffene vielleicht gar nicht, soll es ja auch geben, allerdings ist mir solch eine Denkweise völlig fremd. Ich war – ehrlich gesagt – ein wenig entsetzt und auch enttäuscht, denn ich hätte gern etwas von der „Front" gehört, anstatt nur von den Ärzten. Na, dachte ich, soviel anders kann diese Chemo ja nun auch nicht sein.

Ich bekam diesmal kleine Medikamententütchen mit, diese waren mit der Maßnahme des Einnehmens beschriftet. Also zeitlich weitaus früher als bei der ersten Chemoreihe wurde der Schutz für Magen, Blase und Niere gestartet. Kaum hatte ich die ersten Tabletten intus, merkte ich schon, wie mir das Gesicht glühte und brannte. Auch im Nachgang der Chemo mussten diese Tabletten noch eingenommen werden, so dass ich lange etwas von meinem brennenden Gesicht hatte. Auch war der Zuckerwert auf bedenkliche 430 gestiegen. Beides, sowohl mein glühendes Gesicht, als auch der verkorkste Zuckerwert schien auf das Cortison zurückzuführen zu sein. Der Tag der fünften Chemo, somit die erste Taxotere, stand nun am 19.09.2008 bevor. Zeitlich lief diese gesamt gesehen länger, ca. vier Stunden. Füße und Hände wurden während der Therapie mit Kühlakkus fast „tiefgefroren". Hierzu gibt es Erfahrungswerte, dass dadurch die Nerven nachweislich nicht so geschädigt werden.

Also egal, wie kalt die Tage wurden, ich habe meine Hände und Füße während der Chemo nun stundenlang fast geeist. Falls mir die Muskeln und/oder der Magen schmerzen sollten, erhielt ich vorsorglich ein Rezept, so dass ich gewappnet war. Die Ärzte hatten mich gedanklich und medizinisch gut vorbereitet, aber bis dahin hatte ich wohl die Rechnung ohne den Wirt gemacht. Freitags war wie immer diese Chemo, und mir wurde noch gesagt, dass die Nebenwirkungen bei Taxotere erst ca. nach drei Tagen einsetze und nicht wie bei der ersten noch an demselben oder nächsten Tag.

So kam der Montag, und bis mittags ging es mir gut.

Genauso wenig wie es ein Geruchsfernsehen gibt, kann ich einen Schmerz darstellen, sondern nur beschreiben, aber dafür gibt es keine passenden

Worte! Es kommt meinem Bauch – wo ich wie ein geplatztes Sofakissen aussah – schmerzmäßig sehr nah.

Es fing nun damit an, dass ich mich am Montagnachmittag nicht mehr so wohl fühlte. So, als ob ich eine dicke Erkältung bekommen sollte. Von Stunde zu Stunde wurde dieses Empfinden schlimmer, und ich sagte am Abend, dass ich mich früh zurückziehen würde. Dachte so im Stillen, dass ich mein Unwohlsein überschlafe, und morgen wäre alles wieder einigermaßen okay. Ich legte mich um 20.30 Uhr hin und schlief unruhig ein. Schlafen war ja eh schon ein Problem für sich. So wälzte ich mich hin und her. Gegen 1.30 Uhr wurde ich wach, weil ich so Darmkrämpfe hatte. Nun gut, ich schleppte mich zur Toilette, um mir Erleichterung zu verschaffen. Half aber alles nichts. Ich bekam Schüttelfrost, dann folgten Schweißausbrüche – ein Krampf löste den nächsten ab. Der Schmerz war so groß, dass mir übel davon war! Es übermannte mich alles zeitgleich, Schmerz, Krampf, innerliche Hitze, dann Kälte, schließlich Übelkeit. Mir lief der Schweiß in Rinnsalen von der Stirn, dann wiederum klapperte ich vor Kälte wohl bedingt durch den kalten Schweiß. So wanderte ich von der Toilette zum Bett und wieder zurück zur Toilette – im Schlepptau meine Bettdecke, da ich ja abwechselnd schwitzte und dann fror. Ich kam mir vor wie „Lines von den Peanuts", nur nicht so lustig. – In meinem Tagebuch steht zu diesem Tag nur ein Wort: HILFEE !!! Diese Nacht war eigentlich für mich eher „ohne Worte".

In dieser Nacht habe ich drei Kilo verloren, ohne mich jemals – überhaupt in der Chemozeit – erbrochen zu haben.

Diese Anstrengung war so gewaltig, und es war die Kraft in Kilos, was ich verloren hatte!

Der Tod hatte in dieser Nacht seinen Schrecken für mich etwas verloren.

Dienstag, am Morgen, klingelte mich mein Chef so ca. um 8.30 Uhr aus dem Bett. Wirklich, ich habe einen sehr netten Chef, und ich freute mich, dass er an mich dachte und anrief, nur der Dienstag nach dieser bescheidenen Nacht war der schlechteste Tag überhaupt. Das Gespräch war dementsprechend mehr als kurz, und ich schleppte mich wieder ins Bett. AHHH – da fiel mir ein, ich war doch mit Thomas – wie fast jeden Dienstag – zum Frühstückskaffee verabredet.

Es ist ja auch nicht so, als wenn am Dienstag alles wieder in Ordnung war, die Nacht davor war zwar eine Katastrophe, aber der Dienstag war nur „krampffrei", der Rest der Nebenwirkungen ist mir erhalten geblieben. Obendrauf kam noch ein total kaputter Mund – ich konnte kaum sprechen. Muskel- und Nervenschmerzen wechselten einander ab, ich wusste fast nicht, wohin mit mir.

Ich rebellierte innerlich und schleppte mich mit Thomas zum Kaffee – ich wollte einfach den Nebenwirkungen nicht klein beigeben und zugeben, dass die Chemo stärker war als ich. Nein, ich stemmte mich dem entgegen. Vor lauter Muskelschmerzen und -schwäche zitterten mir die Beine.

Nach dem Kaffee, wo irgendwie alles an mir vorbeirauschte, glitt ich auf meine Couch und rührte mich nicht mehr weg. Ich überlegte x-mal, wenn ich mich erheben musste, ob ich nicht noch andere Wege damit verbringen konnte. Diese Muskel- und Nervenschwäche schafften mich total. Nichts war mehr wie zuvor. Das Schmerzmittel futterte ich wie Bonbons, aber irgendwie halfen die nicht so, wie ich es mir gewünscht hatte. Egal – rein damit.

Mein Mundraum war so geschwollen – und es wurde nicht besser. Schmerzen so überall.

Alle sagten zu mir, geh ins Krankenhaus oder zum Hausarzt, aber ich dachte, dass ist eben die Chemo – da musst du durch. (Ist auch irgendwie so.)

Nun kam der Freitag, und ich dachte, bevor nun das Wochenende kommt und du dich immer noch so bescheiden fühlst, gehst du lieber mal vorzeitig ins Krankenhaus. Am folgenden Montag war ja wieder die Blutabnahme „zehn Tage nach Chemo", aber ob ich dann einen Arzt erreiche, ist auch fraglich, also startete ich am Freitag. Nein anders! Lutz fuhr mich, denn es wäre unverantwortlich gewesen, selbst zu fahren. Somit startete ich nicht, sondern schleppte mich eher zum Krankenhaus, denn die ganze Woche hatte ich mich fast nicht aus meiner Wohnung bewegt oder besser gesagt nicht gekonnt. Ich war wohlweislich sehr früh im Krankenhaus, da ich dachte, falls ich noch zu einem anderen niedergelassenen Arzt muss, es war ja Freitag, habe ich in unserem Nichtdienstleisterland auf einem Freitag nur vormittags eine Chance.

Das Geschwader „Visite" kam an meinem Sitzplatz vorbei und meinte, es könnte jetzt ein wenig dauern, da sie ja erst ihre Visite machen müssten, aber bei diesem kurzen Vorabgespräch hatte man schon erkannt, dass mich die Palette der Nebenwirkungen Taxotere erreicht hatte und mir Linderung verschaffen konnte. Es war sogar die Rede davon, eventuell die Chemotherapie abzubrechen. Im Stillen machte mir das Hoffnung, was für ein Traum – keine Chemo mehr! Aber jetzt mal ehrlich! Nachdem wir nun schon zehn Minuten im Schnelldurchlauf damit verbracht hatten, hätte man noch 5 Minuten zugeben können. Ein Rezept wäre mir ausgehändigt worden und ich hätte gehen können. Aber warum sollte ein festgefahrenes Team von der Route abkommen? Nein, bloß nicht. Sie machten ihre Visite, und ich wartete und wartete und wartete.

Ich fühlte mich so bescheiden und fragte nach diesen ca. 1 1/2 Stunden Wartezeit eine Schwester. „Muss ich den Krebs jetzt hier aussitzen, oder kommt noch jemand?" – Ich war gefrustet. Die Schwester antwortete ebenso unqualifiziert: „Na, hören Sie mal, wir haben hier Krankere als Sie!" – Ach, sagte ich: „Gibt es hier Totere als mich?" Sie faselte irgendwas von einem Kaiserschnitt …

Rückblickend mag das akut gewesen sein, aber meine Frage war doch sehr unprofessionell beantwortet worden. Ich war am Rande meiner Kraft, und die erzählt mir einen von Dringlichkeiten! Ich hatte Schmerzen – konnte kaum sprechen – und fühlte mich mehr tot als lebendig. Ich hörte förmlich in meinen Kopf, wie eine Sicherung durchbrannte. Es machte „schnack", und ich sah nach diesem – nicht Dialog, sondern Stusslog – wirklich Rot. Ich sagte, dann ginge ich eben wieder, sterben könne ich besser zu Hause anstatt hier, und ich ging! Die Schwester trabte hinter mir her und meinte: „Sie können doch nicht gehen!" Dooooch – kann ich. Trotz meiner ramponierten Gesundheit hatte ich blitzschnell überlegt. Es war noch früh genug, meinen Gynäkologen aufzusuchen, denn es war ja wie gesagt Freitag, und mein Arzt konnte mir bestimmt helfen. Ich ließ die noch auf mich einredende Schwester stehen und verließ das Krankenhaus. Vor der Tür heulte ich erst mal eine lange Strophe, und Lutz tröstete mich. Ich sammelte mich, und wir starteten zu meinem Gynäkologen. Nachdem ich mich in die Praxis geschleppt hatte, kam ich sehr schnell dran, sicherlich sah man mir mein schlechtes Befinden und meine Verzweiflung an. Noch heute bin ich den Arzthelferinnen und Herrn Dr. Messer für die fast unbürokratische schnelle Hilfe dankbar. Wie sagte Herr Dr. Messer: „Ich untersuche Sie auch nicht lang, es sind Folgen der Chemo, und ich verschreibe Ihnen etwas zum Schlucken, Einführen und Einkremen oder Spülen. Irgendwas davon oder gar alles wird sicherlich helfen und Ihnen Linderung verschaffen."

Mit diesem Rezept startete ich nach Hause, rief zwischenzeitlich meinen Apotheker an, der mir die Medikamente gegen Mittag bringen wollte.

Nun fuhr ich wirklich erleichtert und mit dem Gefühl nach Hause, dass mir geholfen wird.

Gegen halb zwölf vormittags war ich nun wieder daheim und fiel wie narkotisiert auf meine Couch. Vor Erschöpfung schlief ich solange, bis der Apotheker klingelte und ich mich von meiner Couch quälen musste. All das, was mir verschrieben wurde, wendete ich auch ganz nach empfohlener Maßgabe des Arztes an und fiel wieder auf die Couch. Irgendwann am Nachmittag wurde ich wach, und mir ging es ein ganz klein wenig besser. Das Wochenende brauchte ich nun dazu, um Schadensbegrenzung zu betreiben, und schon war es wieder Montag – „zehn Tage nach Chemo", und ich musste zur Blutabnahme erneut ins Krankenhaus. Nun war ich ja noch oberstinkig von dem Dilemma am Freitag.

Ich hatte mich nun entschieden, wenn keine Entschuldigung kommt, tatsächlich so mitten in der

Behandlung das Krankenhaus zu wechseln, da das Vertrauen zerstört war. Am Montag ging ich nun mit einem „Megahals" ins Krankenhaus und setzte mich hin zur Blutabnahme. Es verging nur wenig Zeit, da kam eine Ärztin, die, die meinen geplatzten Bauch geöffnet hatte, und sagte: „Es tut mir sehr leid, was am Freitag passiert ist, aber sie müssen auch verstehen, dass … bla bla bla." Ich unterbrach sie und sagte: „Ich nehme die Entschuldigung an und wir wechseln jetzt ganz schnell das Thema." Sie versuchte noch weiterhin „passende" Worte der Entschuldigung oder des Verständnisses zu finden, aber ich würgte sie immer wieder ab. Für die Ärzte war es wahrscheinlich ein „Chemoalltag", aber ich empfinde es noch heute, wenn ich mir die Schmerzen ins Gedächtnis rufe, als unterlassene sofortige Hilfeleistung. Vielleicht bin ich aber auch einfach nur ein sogenanntes „Weichei" – ich weiß es nicht.

Die Ärzte hatten doch schon vorher fast alles diagnostiziert. Es fehlte doch nur noch ein Rezept! Die Ärzte hätten doch ihre Visite starten und einer der Ärzte schnell das Rezept ausschreiben können. – Es sind doch routinierte Fachärzte! Ich war doch nun nicht die erste Chemopatientin, die diese Nebenwirkungen hatte. Schätze, die Ärzte waren wohl eher festgefahren, sozusagen betriebsblind. Mir graust es noch rückblickend auf diesen Tag. Vergleichsweise kam es mir vor, als wenn man mich aus irgendeinem Fenster in der vierten Etage geschubst hätte, allerdings ohne eine Matratze unten hinzulegen. Nichts, aber auch gar nichts hätte mich abgefangen. All die Informationen und Schilderungen der Ärzte kamen nicht annähernd an mein Befinden, es war einfach grauenhaft. Ab dieser schlimmen Nacht war ich oft versucht, die Chemo abzubrechen. Nachdem der Chefarzt einen Abbruch der Chemotherapie erwähnt hatte, lockte diese Umsetzung sehr.

Ich brauchte volle zwei Wochen, um mich nur etwas von dieser furchtbaren Chemo zu erholen. Die nun noch folgenden drei Chemos waren genau das, was in meinem Leben so absolut gar keiner Wiederholung bedurfte. Grundsätzlich gesehen erholte ich mich ab dieser fünften Chemo nicht mehr von den Begleiterscheinungen, sondern konnte sie nur noch lindern. Mit großer Angst ging ich auf die sechste Chemo zu. Diesmal wollte ich gewappnet sein. Ich hatte mir entweder Rezepte oder frei verkäufliche Medikamente geholt.

Schmerzmittel, da hatte ich schon das stärkste verschreibungspflichtige Medikament erhalten, etwas gegen Durchfall, aber auch gegen Verstopfung. Bei der Menge an Medikamenten wäre sogar ein Apotheker vor Neid erblasst. Dann hatte ich noch eine Spritze mitbekommen, die musste ich mir genau einen Tag später nach der Chemo selbst geben. Diese Spritze war das Gegenstück der Chemo! Das, was die Chemo an weißen Blutkörperchen dezimierte, baute die Spritze (ein wenig) wieder auf. So wurde die Nebenwirkung „Ich fühle mich im Ganzen so beschissen" ein ganz klein wenig gelindert. Die Muskel- und Nervenschmerzen waren nur noch eine mittelschwere Katastrophe.

Nun hatte ja auch während dieser bescheidenen Phase das neue Quartal begonnen, und trotz meines desolaten Befindens musste ich mir ja neue Überweisungen holen.

Also wieder zu dieser – in meinen Augen – abgehobenen Onkologin. Hierzu gibt es eine schöne Geschichte, aber diese muss ich leider unbeschrieben lassen, denn es hat etwas mit dem Originalnamen zu tun, leider kann ich hier vergleichsweise keinen anderen Namen wählen. Terminlich ging wieder netterweise alles ganz flott, schon mal etwas. Sie fragte routinemäßig, wie es mir denn gehe und ich antwortete diesmal, dass es mir nicht gut gehe. Da sagte sie: „Es gibt ja überall ein Mittel gegen." – Na super, dass half mir ja.

Durch dieses ganze Buch zieht es sich – die fachlich guten Ärzte, aber psychologisch wenig drauf, kein Einfühlungsvermögen – nichts. Ein paar aufmunternde Worte hätten zwar nicht meinen schmerzenden Mund, die Muskel- und Nervenschmerzen, als wenn man mich verdroschen hätte, abgestellt, aber es hätte mir trotzdem gut getan. Nun gut – sollte nicht sein. Ich beschrieb ja schon, dass ich mich für die nächste Chemo medikamentenmäßig „schwer bewaffnet" hatte. Ich kämpfte aber immer noch mit mir, die Chemotherapie abzubrechen. Gedanklich war ich damit noch nicht fertig, denn es lockte sehr. Also, ein paar gescheite Worte von der Onkologin wären wirklich gut gewesen. Aber mal ehrlich, was interessiert die das, ob ich abbreche oder nicht? Sie hat ja nichts davon.

Die sechste Chemo kam am 10.10.2008, und ich hatte so viel Angst, dass es mir die Luft abschnürte. Nicht vor der Chemo selbst hatte ich ja solche Angst, sondern vor den Nebenwirkungen.

Ich bekam die üblichen „Schutztabletten" für den Magen, Blase und Niere. Ebenfalls zwei Tage zuvor nahm ich nun ein Mittel ein, was den Stuhl „weich" machte, denn meine Bauchnarbe schmerzte unter Druck noch sehr. Des Weiteren litt ich noch immer unter Stomatitis, so dass ich zwei- bis dreimal täglich meinen Mund spülte. Ein starkes Schmerzmittel nahm ich vorsorglich ebenfalls ein- oder zweimal am Tag ein. Die Spritze zur Erhöhung der Blutkörperchen – dementsprechend wirkte sich dies auch auf das allgemeine Wohlbefinden aus, hatte ich auch schon parat liegen. Außerdem hatte meine Schwiegermutter in spe mir Flüssignahrung zur Verfügung gestellt. (Tagesration lag so bei ca. 16 Euro, also „nicht ohne".) Denn nicht nur, dass der Mund wie verrückt schmerzte, auch geschmacklich war alles „für die Tonne". Alles, aber auch wirklich alles schmeckte vergleichsweise nach Stahl. Manches konnte ich gar nicht mehr schlucken, es wäre mir postwendend zurückgekommen, da der Geschmack so furchtbar war. Das war teils für mich das Schlimmste, denn Essen oder auch Essenkönnen hat für mich was mit Lebensqualität und Lebensfreude zu tun.

Einerseits ist es ja ganz nett, wenn man Übergewicht hat, so flott abzunehmen, aber gesund und normal ist es ja nicht! Also steuerte ich mit dieser Flüssignahrung dagegen.

Nach all diesen Hilfsmaßnahmen fühlte ich mich jetzt ein wenig sicherer. Allerdings war mein Zucker so hoch, so Richtung 470, dass ich schon drauf und dran war, den Notarzt zu rufen, denn es war ja Samstagabend. Ich steuerte mit den Tabletten dagegen, ohne mit einem Arzt Rücksprache gehalten zu haben. Der Vater meines Sandkastenfreundes Josef war von jung an Diabetiker gewesen, so dass er wirklich über einige Erfahrungswerte berichten konnte. So war mir klar, dass ich mit dem viel zu hohen Zucker mir so richtige Spätfolgen verpassen konnte, was momentan zu diesem Zeitpunkt irgendwie auch keinen interessierte, aber mich!!!

Bei einem viel zu hohen Zuckerwert konnte man ins Koma fallen, von den Spätfolgen mal abgesehen. Würde die Tablette den Zucker zu weit senken, könnte ich ebenfalls ins Koma fallen, wobei mich dies wahrscheinlich in der Nacht ereilt und keiner gemerkt hätte. Ach, es war eine vertrackte Situation!

Ich nahm nun eine Tablette und ging in dieser Nacht erst, nachdem ich sicher war, dass mir nichts mehr passieren konnte, in den Morgenstunden ins Bett. Tolle Nacht …

Montagmorgen eilte ich zu meinem Hausarzt und erzählte von meinem Problem am Wochenende. Nach einem Zuckertest wurde gesagt, alles wäre prima.

Na super!! Mit meinem „Herumgekaspere" am Wochenende mit meinen Tabletten gegen erhöhten Zucker hatte ich wohl richtig jongliert. Toll … echt toll. Alles so in der Eigenverantwortung. Wäre was schiefgelaufen, hätte ich wahrscheinlich nur selbst Schuld daran gehabt, ich glaube kaum, dass sich während meiner Chemo wirklich jemand dafür verantwortlich gefühlt hätte. Hätte ich wiederum nichts getan, dürfte ich mich ebenfalls allein mit den Spätfolgen herumschlagen. Anscheinend habe ich aber alles richtig gemacht, auch wenn meine Fingerkuppen von der ganzen Testerei total zerstochen waren.

Mit meinen ganzen Vorsorgemaßnahmen „fiel ich diesmal nicht ganz so tief". Als Metapher schrieb ich ja, es kam mir vor, als wenn mich jemand aus irgendeinem Fenster einer vierten Etage geschubst hätte, aber unten lag nicht mal eine Matratze. Dieses Mal war es nur die zweite Etage mit Matratze. Boh – ging es mir wirklich bescheiden. Es wäre auch leichter hier zu beschreiben, was mir NICHT weh tat. Das Einzige, was mich aufrecht erhielt, war, dass nun bald die letzte Chemo kam, denn ich hatte mich nun entschieden, dass ich es „durchziehen" würde – bis zum „bitteren" Ende der Behandlung, und wenn es mich „das Leben" kosten sollte – ich hatte damit angefangen – nun bringe ich die Therapie auch ordnungsgemäß zu Ende.

Die letzte Chemo kam, und ich erhielt trotzdem für die „nächste Chemo" schon wieder die Tabletten für den sogenannten Vorlauf ausgehändigt. Hm, hätte ich zu einer neunten Chemo antreten können, oder hätten die was gemerkt? Ist mir auch egal, ich gab die Tabletten sofort zurück mit dem Kommentar: „Dies ist meine letzte Chemo!"

Ich hatte mich wirklich zur letzten Chemo geschleppt. Hatte nun 14 Kilo abgenommen, jedes Essen schmeckte wie „Knüppel auf Kopp", und allgemein ging es mir es mir mehr als übel.

Das Einzige was mich noch senkrecht hielt war, dass es eben die letzte Chemo war, es möbelte mich förmlich auf.

Bei der letzten Chemo erhielt ich direkt den Termin für das Vorgespräch zur Bestrahlung und den Termin zur Einzeichnung der zu bestrahlenden Stellen. D. h., dass auf dem Oberkörper genau die Punkte markiert werden sollten, wo bestrahlt wird. Die Ärzte und Schwestern im Krankenhaus meinten, dass die Bestrahlung wohl erst im neuen Jahr beginnen würde, denn ansonsten müsste man ja so wegen Weihnachten und Neujahr die Bestrahlung häufig unterbrechen. – Nun gut, ich hatte keine Ahnung und nahm das auch soweit an. Andererseits war mir der Gedanke auch sehr sympathisch. Zu Weihnachten und Neujahr „keine Quälerei", sondern Erholung – wäre schon schön.

Ich dachte auch, dass ich darauf Einfluss hätte – wie gesagt, *dachte* ich.

Die Nebenwirkungen der letzten Chemo versuchte ich mit meinem Wissen und Medikamenten einzudämmen. Mein Zucker lief wieder total aus dem Ruder. Also „alles wie immer".

Und wie ich schon erwähnte, nur der Gedanke der letzten Chemo hielt mich aufrecht. So schleppte ich mich durch die nächsten Tage. Als Abschluss kam die Blutuntersuchung „zehn Tage nach der Chemo". Ich hatte eine Danke-schön-Karte geschrieben – einige Süßigkeiten zugefügt und ging nun so das letzte Mal ins Krankenhaus.

Auch rückblickend finde ich, dass so ein kleines Krankenhaus das richtige ist. Sie haben ja durch die Tumorkonferenz das Know-how der anderen (größeren) Krankenhäuser, was will man mehr! Bei schweren Krankheiten ist persönliche Betreuung mehr als wichtig, aber letztendlich muss das jeder für sich selbst entscheiden. Jede Nebenwirkung – die nun *ging* – hakte ich als „letztes Mal" ab. Ach, tat das gut. Meine letzte Chemo war ja am 21.11.2008 und Josef hatte am 28.11. Geburtstag.

Gut, dass er seinen 50sten Geburtstag eine Woche später feierte. So konnte ich mich ein wenig erholen und hatte auch ein ganz klein wenig wieder Geschmack. Ich trank auf dieser tollen Feier drei Bier und fühlte mich absolut volltrunken. Dies verflog aber schnell wieder, dass Essen war ebenfalls toll, ach, für mich war das ein besonders gelungener Abend, da ich mich wieder „frei" fühlte. Weihnachten und all die nächsten Wochen hatte ich fest für mich privat verplant, da ich ja ebenfalls davon überzeugt war, dass die Bestrahlung erst im neuen Jahr, also 2009, beginnen wird.

Kapitel 10

Nun hatte ich im Bestrahlungsinstitut das Vorgespräch. Bei der Anmeldung sollte von mir eine
Fotografie erstellt werden. Also vom Kopf, nicht
von der Brust! Verstand ich nicht, ich wurde doch
nicht im Gesicht bestrahlt, oder sah ich irgendwie
doof aus? Ich fragte sofort nach, und es wurde mir
gesagt, dass ja schon sehr viele Praxen beim Eingang eine Kamera hätten, so dass ein Patient auch
dann immer „mit Namen" angesprochen werden
kann. – Bin ich doch blöd, oder was? Unter dem
Foto steht doch kein Name, wenn jemand die Praxis
betritt. Außerdem kenne ich keine einzige Praxis,
wo beim Eingang Fotos gemacht wurden. Irgendwie fühlte ich mich veralbert und lehnte eine Aufnahme ab. Die Sprechstundenhilfe wurde hektisch
und erklärte, dass ginge nicht.

Nun gut, ich habe mich dann breitschlagen lassen, aber ahnte nun doch, warum das Foto gemacht
wurde. Ehrlich gesagt, warum ist man nicht aufrich-
tig? Ich finde es nämlich gut, wenn ich nur meine
Bestrahlung abbekomme und nicht versehentlich
die des Patienten – Fall-Nr. 4711. Supi, so grinste ich
nun einmal mit meinem Fiffi auf dem Kopf in die
Kamera. Der Arzt erklärte mir, dass nicht so viel
Zeit zwischen einer Chemo- und Bestrahlungstherapie vergehen sollte, deshalb schlage er den
Beginn am 15.12.2008 vor. Mit Krebs sei nicht zu
scherzen, und „mein" Krankenhaus hätte ja, salopp

gesagt, nicht die Erfahrungswerte wie er. Hier kommen wieder Statistiken ins Spiel, aber das erspare ich euch Lesenden auf jeden Fall! Na, wie blöd! Das schmiss ja meine ganze Planung über den Haufen! Und ich hatte mich so sehr auf ein wenig Erholung gefreut, nun war ich ganz enttäuscht, so schnell wieder mit meiner Krankheit so direkt konfrontiert zu werden. Ich hatte ja noch nicht ganz meine letzte abgedrehte Chemo überstanden. Na ja – was soll's, packen wir es an. 28 Bestrahlungen sollte ich erhalten in einer Gesamtstärke von 50 Gray.

Was bei der Birne Watt ist, ist bei einer Röntgenaufnahme Gray. Hier lernt man fürs Leben! Zum besseren Verständnis: Eine Röntgenaufnahme hat ca. ein bis drei Gray. Ich sollte 28-mal insgesamt 50 Gray erhalten. Eine Computer-Tomographie sollte die Aufnahmen liefern, wo genau bestrahlt werden sollte. Da ich ja schon einmal so eine CT habe machen lassen müssen, war nun meine Frage, ob dieses denn nicht als Grundlage genutzt werden könne, anstatt eine neue CT. Es wurde verneint. Diese CT als auch die spätere Einzeichnung fanden in einem ganz anderen Krankenhaus statt. Nun habe ich aber so langsam alle Krankenhäuser in Essen durch …

Nachdem ich in diesem anderem Krankenhaus rauf-, runter- und kreuz und quer gelaufen war, kam ich an einen Empfang und sagte: „Guten Tag, ich bin Chemopatientin und soll nun zur CT zur

Vorbereitung der Bestrahlung hier vorstellig werden, ob ich hier denn richtig bin?" Sie antwortete nicht mit einem „Guten Tag" und mit keinem freundlichen Gesicht: „Setzen Sie sich." Hm, vielleicht hatte sie mich nicht verstanden? Ich wiederholte meine kleine Ansprache und erhielt wieder nur: „Setzen Sie sich." Wobei die Betonung auf „setzen" war. Ob das eine Ausländerin war und sie nur diese drei Wörter konnte? Ob diese Person vielleicht ein Automat war und wir gar nicht ins Gespräch kommen konnten? Ich schlug – eher tätschelte – leicht die Hand, die auf dem Empfangstresen lag. Ups – sie lebte und war wohl nur schlicht und ergreifend unhöflich, indem sie nur die drei Wörter sprach. Nun gut, ich setzte mich jetzt leicht eingeschüchtert hin. (Hat mich schon mal jemand eingeschüchtert gesehen?)

Ich hatte schon Sorge, dass der Termin ein Gummiband wird, aber es ging alles flott vonstatten. Ich hatte nun auch schon einen Termin zur Einzeichnung. Naiv und unerfahren wie ich war, glaubte ich, dass man auf dem Oberkörper ein paar Kreuze macht und fertig. So fand die Einzeichnung am 12.12.2008, an einem Freitag, statt, und ich staunte nicht schlecht. Mein Oberkörper sah wie ein Atlas aus! Vom Bauchnabel bis zum Kehlkopf gingen die Filzstriche. Ob auf der gesunden Brust bis auf die andere Seite unter den Arm, es hätte auch ein Strickmuster sein können. Die günstigsten Eintrittspforten für die Bestrahlungen findet der Arzt – wie erwähnt – am Computer- und Kernspintomographen, aber auch mit Hilfe eines speziellen Röntgengerätes – des Therapiesimulators. Nun sollte ich diese Stellen wenig bis gar nicht waschen, damit die Einzeichnung nicht verschwand. Jede Nachzeichnung könne dann ein ganz klein wenig von der ursächlichen Einzeichnung abweichen und die Bestrahlung sollte ja nicht „daneben-"gehen. Ich war von der Bauch-OP schon in „Nicht-waschen oder auch „Drum-herum-waschen" geübt und war grundsätzlich nicht sehr begeistert, aber sah genauer genommen verstand natürlich die Notwendigkeit, erahnte aber bei weitem noch nicht das Ausmaß. Gut, dass nicht Hochsommer war und es im Moment keine schweißtreibende Zeit war. Immerhin schon mal was. Ich hatte ja schon das Dokument der Einwilligung unterschrieben, und hier stand, was das Risiko und die möglichen Nebenwirkungen betraf: Lungenentzündung mit Vernarbung und Atembeschwerden, Herzschäden mit Infarkt, Herzschwäche, Nervengeflechtschäden mit „Keine Ahnung was" – dieses Handgeschriebene konnte ich nicht mehr lesen; Zweittumorbestrahlungsrisiko. Selten träten lebensbedrohliche Zwischenfälle auf. Na, wenn dieser Satz nicht die Stimmung hob!

Es ist natürlich richtig, dass man über alle Risiken aufgeklärt wird, aber mir war schon recht mulmig.

Leider konnte bei der Bestrahlung mein Herz nicht wirklich geschont werden, denn teils ging die Bestrahlung direkt von oben auf den damaligen Sitz des Tumors, und die Stelle war „über dem Herzen". Die Lymphknoten wurden von der Seite in die Achsel bestrahlt und gingen somit auch weiter in Richtung Herz. Wenn während der Behandlung oder nach einem halben Jahr keine Beschwerden aufgetreten seien, kämen diesbezüglich auch keine mehr. Na, mal ehrlich – dieser Satz beruhigte mich nicht so wirklich.

Wieder erhielt ich die Erlaubnis und deren Bestätigung von der Krankenkasse, mit einem Taxi zu den Bestrahlungen fahren zu können. Ich wählte wieder das vorherige Unternehmen, damit war und bin ich ja gut zurechtgekommen, und wir kannten uns. Es war Winterzeit, und ich hatte schon Angst, mal zu spät zu kommen. Der Arzt hatte gesagt, sollte ein Patient zu spät kommen, könne es sein, dass die Bestrahlung somit einfach ausfalle, denn die Praxis habe einen straffen Terminplan. Auch werde an die ganze Terminierung die fehlende Bestrahlung wahrscheinlich nicht nachgeholt. Also hätte jeder – in dem Fall ich – dann „Pech gehabt". Ich geriet schon bei diesem Gedanken in Panik. Hätte ich gewusst, was nun kommt, hätte ich nach der ersten Bestrahlung mir ganz genau, aber sehr genau! aufgeschrieben, wie eine Bestrahlung abgewickelt wird. Hätte ich das nur gemacht! Überall dort, wo ein Patient aufmerksam sein kann, also nicht durch eine Narkose „abgeschaltet" wird, kann derjenige schließlich mitwirken und Fehler ausbremsen. Nirgendwo gibt es etwas ständig Perfektes oder Fehlerloses, jeder hofft eben halt, dass es nicht bei einem selbst passiert, sondern nur „bei anderen".

Auch wenn anonym, möchte ich diesem Strahleninstitut gar keinen schlechten Ruf verpassen. Einen jungen Mann dort fand ich am aufmerksamsten, er ließ sich durch nichts ablenken, und ich hatte immer das gute Gefühl, bei seiner Vorbereitung zur Bestrahlung in besonders guten Händen zu sein. Mich befremdet heute noch so manche Gleichgültigkeit der Mitarbeiterinnen. Sicherlich ist es ihr „täglich Brot", aber ich habe nur das eine Leben! „Mischt" da einer mit, so erwarte ich, dass ich die volle Aufmerksamkeit erhalte. Nun, dies war bei 28 Malen nicht der Fall, und davon werde ich jetzt berichten.

Diese 28 Male waren auch schon durchterminiert, und eine Wahl der Terminschiene hatte man nicht. Ich hoffte auf einen mir passenden Termin, denn ich versorgte ja auch noch meine Mutter zu Mittag. Um Rücksichtnahme hatte ich gebeten, aber ob dies berücksichtigt wurde, wusste ich ja bis dahin nicht. Um 10.20 Uhr hatte ich nun immer meine Termine. Das passte mir wirklich gut, denn ich konnte vorher einkaufen und das Essen für meine Mutter und mich vorbereiten und sobald ich zurück war, einen kleinen Moment verschnaufen, um dann – so wie üblich – bei meiner Mutter gegen 12.30/13.00 Uhr aufzutauchen. Endlich mal etwas fast ohne Stress.

Ich war zur ersten Bestrahlung sehr aufgeregt. Einen Strahlenkater könnte man anfänglich bekommen. Klar, bei der „Dröhnung" verstehe ich das …

Ein großes Handtuch sollte der zu Bestrahlende bei jedem Termin mitbringen, und so wurde ich pünktlich zur verabredeten Zeit mit dem Taxi abgeholt. Die Praxis ist riesig – somit sehr anonym, und ich fühlte mich sehr allein. Kaffee oder Tee konnte wahlweise getrunken werden. Hier sei mal erwähnt, dieser Automat (Marke darf ich hier wohl nicht nennen) war sensationell. Ich „Nicht-Kaffeetrinkerin" bin nun immer sehr zeitig vor meinem Termin dort aufgetaucht, damit ich ja meinen tollen Kaffee trinken konnte! Unglaublich dieser Automat, schnell geschlürft, und schon ging es los.

Ähnlich wie bei einem ganz „normalen" Röntgenvorgang musste eine Kabine betreten, und sich gegebenenfalls entkleidet werden. Es gibt ja auch Hirntumore oder überhaupt Tumore im Gesicht, da entfällt logischerweise das Entkleiden. Demzufolge musste ich meinen Oberkörper frei machen, der ja vor lauter Strichen aussah wie ein Strickmuster. Das große Handtuch umgeworfen und schon erfolgte der Aufruf. Ah, da kommt das gemachte Bild zum Einsatz. Hier kam es – genau genommen – zum Gesichts- und Namensabgleich. Absolut okay, denn ich möchte ja auch nicht die Bestrahlung von „Herrn Prostatakrebs" verpasst bekommen. Ich trabte hinter dem Mitarbeiter her und ging durch einen gebogenen Gang. Es hatte was von der „Enterprise" und ich hätte gern gesagt: „Scotty, beam mich hoch! – Oder einfach nur weit weg"! Zum allgemeinen Geplänkel war grundsätzlich keiner von diesen Mitarbeitern aufgelegt, sie genügten wohl sich selbst.

An diesem Gerät angekommen – Handtuch drauf und ich ebenfalls.

Es war dort bitterkalt, und ich fragte, ob dies immer so sei. Ob diese Geräuschkulisse nun die Klimaanlage war oder was anderes, kann ich bis heute nicht sagen.

In der Ecke standen Masken, also Gesichter aus glasklarem Material, aus Plastik oder Acryl. Nach meiner Frage wurde mir erklärt, die seien dafür, um die entsprechende Person am Kopf bestrahlen zu können. Ehrlich – es sah irgendwie gespenstisch aus. Grundsätzlich war natürlich bei der Bestrahlung kein Mitarbeiter anwesend, aber man war über Mikrofon verbunden, so dass jemand (so hoffe ich!) gekommen wäre, wenn ich nur einen Piep gesagt hätte. Nun wird es schwer zu erklären! Man stelle sich Folgendes vor: Ich liege auf einer – nicht Bahre! –, sondern ähnlichem, und über mir ein schwarzer Kasten der wiederum an einem langen Arm, wie ein Halbmond befestigt ist, und aus diesem Kasten, kommen die Strahlen. Damit die Strahlen wirklich punktuell genau gesteuert werden können, wird unter diesem Kasten, wo diese Strahlen herauskommen, dem Krankheitsbild entsprechend der Strahlenwinkel festgelegt. Also wurden vor diesen Kasten „Vorsätze" geschoben. Bei mir kamen zwei verschiedene Vorsätze zum Einsatz. Der eine sah wie ein „V" aus und der andere flach und stumpf in Wellen.

Dieser Arm umkreiste förmlich die Person, um sich für die Bestrahlung in Position zu bringen. Zwischenzeitlich kamen auch Mitarbeiter und legten oder klebten Matten auf die zu bestrahlende Seite. Vielleicht war mir auch bei dem Vorgespräch diese Vorgehensweise erklärt worden, aber dann ist es wohl nicht haften geblieben, denn es fehlte mir dann jegliche Vorstellungskraft von der Art des Aussehens und der Vorgehensweise. Gut oder auch toll wäre gewesen, wenn ein Besichtigungsgang durch die Räumlichkeiten stattgefunden hätte. Mir hätte es sehr geholfen, und aus den Erzählungen im „Wartesaal" erfuhr ich, dass es den anderen Patienten nicht anders erging, aber anscheinend fragte nur ich!

Also – zurück zum Ausgangspunkt, ich lag also auf dieser – hm Pritsche oder Trage? Ich fror wie ein

Schneider und musste schon das Zittern krampfhaft unterdrücken. Ich wurde auf dieser Pritsche ausgerichtet, also hin und her gerückt, bis es passte, und die Mitarbeiter verließen den Raum mit dem Kommentar: „Nicht bewegen!" Nicht husten – nicht niesen – keinen Mucks. „Boh, Scotty – beam mich nun endlich hier weg!"

Ich lag da ja so nackelig ….

Das Gerät setzte sich geräuschvoll in Bewegung. Erst „ohne alles" wurde bestrahlt, mit einer Unterbrechung wurde der erste Einsatz in diesem Kasten geschoben und weiter bestrahlt, dann wieder unterbrochen, der nächste Einsatz wurde eingeschoben, und die Bestrahlung nahm weiter ihren Lauf. Diese Matten hatten die Funktion, dies wurde mir erst erklärt, nachdem ich gefragt hatte, dass die Strahlen nicht zu tief gingen. Unter in dem zweifachen Bestrahlungswinkel lag ja mein Herz und darunter die Lunge. Durch diese Matten wurde ich also „abgeflacht" bestrahlt und die Nebenwirkungen wurden dementsprechend eingedämmt.

Gefühlte Gesamtzeit der Behandlung empfand ich so als ca. drei bis fünf Minuten.

Der Ablauf war ja immer gleich, so dass die Radiologiemitarbeiter dies alles in einem Affenzahn erledigten. Demzufolge musste jeder auch seine Fragen schnell formulieren, denn schon war man wieder allein in diesem riesen Raum! Die Höhe dieser „Pritsche", auf der ich lag, wurde ebenfalls auf die festgelegte Höhe eingestellt. Die Angabe der Höhe stand auch auf meinem Oberkörper, aber das konnte ich natürlich nie prüfen, dann hätte ich ja – im wahrsten Sinne des Wortes – neben mir stehen müssen! Ganz am Anfang wurden einmal die Matten nicht aufgelegt, aber die Bestrahlung lief schon. Hm, danach fragte ich, ob alle Bestrahlungen immer gleich ablaufen, oder ob es da bei den 28-mal eventuell Unterschiede gebe? Nein, wurde geantwortet, alle 28 Bestrahlungen seien nach dem gleichen Schema. Ja, aber warum seien dann heute keine Matten aufgelegt worden? Ich müsse mich irren, die Matten lägen auf. Na, ich bin doch nicht blind oder blöd! Nein, die Matten lagen nicht auf! Sie drucksten herum und sagten dann: Sorry, die hätten sie vergessen aufzulegen, sei aber nicht so schlimm. Ne klar – nicht schlimm – ist ja auch wie gesagt nur mein Körper. Man braucht ja auch nun nur zweiundzwei zusammenzählen, um zu wissen, was passiert ist. Die Strahlungen gingen „ungebremst" durch meinen Körper auf die Stelle, wo auch ursächlich bestrahlt werden sollte, dann auf das Herz und im Anschluss auf die Lunge. Dann wurden die Matten auch mal auf der rechten Seite platziert, wobei ich sofort sagte, dass aber links bestrahlt wird. Na, ich wäre ja aufmerksam – ganz toll. Ich weiß nicht, ob die mich veräppeln wollten, aber wie gesagt, jede unnötige Belastung kann jedem Patienten doch bitte erspart werden, wenn das Personal nur aufmerksam und gewissenhaft arbeitet, ohne in Routine zu erstarren. Die zu bestrahlenden Stellen sollten mehrfach am Tag mit Talkum gepudert werden, damit sie immer trocken blieben. Es wurde ja sehr hoch dosiert bestrahlt, und so verbrennt so nach und nach bei jeder Bestrahlung mehr die betroffene Haut. Anfänglich sah man nichts, und ich wusste gar nicht, wo das angekündigte Problem war, aber ab der 15. Bestrahlung sah ich die Wirkung! Der ganze linke Brustkorb war durch die Bestrahlung so gereizt, so dass die Haut leicht gerötet war. Je mehr Bestrahlungen ich erhielt, umso roter wurde die Fläche.

Also ab der 15. Bestrahlung quälte ich mich von einer in die nächste Bestrahlung und puderte wie eine Verrückte. In meinem Flur war der Boden schon ganz weiß, denn so genau kann ja keiner zielen. Zwischenzeitlich wäre nun fast der (mir aufgefallene!) dritte Fehler passiert. Wie bei jeder meiner Bestrahlungen kamen ja die erwähnten zwei Vorsätze zum Einsatz. Bei einer Bestrahlung sah ich, dass dieses „V" diesmal in die andere Richtung zeigte und fragte, ob das denn beabsichtigt sei? Ich sei ja immer noch sooo aufmerksam, wirklich prima! Wenn doch alle Patienten so seien.

Ich fragte mich heute noch: „WER soll aufmerksam sein?" Währenddessen, als auch noch heute, erschrickt mich so eine Vorgehensweise und stimmt mich immer noch sehr nachdenklich. Befremdet hat mich aber auch eine von den 28 Taxifahrten zur Bestrahlung. Herr Taxifahrer fragte mich, ob ich etwas dagegen hätte, wenn eine weitere Patientin mitfahre. Nun, solange ich von meiner Zeit nichts einbüßen müsse, also früher losfahren oder warten, hätte ich kein Problem damit. Also holten wir Frau Vonundzu ab, sie wohnte ganz in meiner Nähe. Sie hatte sofort mein ganzes Mitgefühl, denn man sah ihr an, dass sie schwer krank war und wohl auch schon viel mitgemacht hatte. Sie stieg vorne ein, wir begrüßten einander kurz, und mir war auch nicht nach Unterhaltung, denn die Bestrahlungen fielen mir ja so langsam immer schwerer, und mir schmerzte schon sehr meine linke Seite!

Frau Vonundzu war äußerst gesprächig und quasselte und quasselte, und ich hing meinen Gedanken nach und schaute „rechts aus dem Fenster". Sie sagte: „Ich habe Lungenkrebs und Sie?" Äh – ich nun nicht ... „Ja, was haben Sie denn für einen Krebs??" Nun, eigentlich wollte ich mit dieser Frau nicht darüber reden, trotzdem sagte ich, dass ich Brustkrebs hätte. Ach so, meinte sie, linke oder rechte? Ich schwieg wieder eine Weile und antwortete doch „links". Konnte brusterhaltend operiert werden oder wurde amputiert? Nun wurde es mir doch zu indiskret, und ich erklärte ihr, dass sie das nun absolut nichts angehe und wenn ihr gesundheitlich nicht mehr zu helfen sei, warum sie dann überhaupt die Krankenkasse noch mit Bestrahlungen belaste, zumal sie erzählte hatte, dass sie weiterhin rauche. Mir völlig unbegreiflich! Auch Herr Taxifahrer war peinlich berührt, und wir fuhren schweigend weiter.

Nachdem ich nun meine Bestrahlung hinter mir hatte und wir nun auf Frau Vonundzu im Taxi warteten, wurde uns zunehmend kälter, aber kein Wunder, es war ja Januar, und es war eiskalt. Herr Taxifahrer nörgelte auch herum, da ja die Wartezeit für ihn verlorene Fahrzeit war. Er ging nachschauen, wo sie denn bliebe und kam äußerst erbost mit der Dame im Schlepptau wieder. Sie rauchte sich erst mal nach der Bestrahlung in Ruhe eine, und wir warteten wie zwei Doofe im Auto. Gut, dass Herr Taxifahrer selbst sagte, das sei die erste und letzte gemeinsame Fahrt gewesen. Ich hätte es ansonsten auch gesagt, denn ich legte auch keinen Wert auf eine Wiederholung.

Während der ganzen Bestrahlerei hatte ich zwischenzeitlich einen Kurantrag gestellt. Vier Wochen sollten möglichst zwischen der letzten Bestrahlung und dem Kurantritt liegen, bis alle eventuellen offenen Stellen verheilt sind und das jede Anwendung auch ohne Bedenken mitgemacht werden konnte.

der letzten Bestrahlung gab es noch etwas später ein Abschlussgespräch. Diese riesengroße rote Fläche, das wäre „normal". Ein rotes Rechteck – von der Brustbeinmitte bis zur Achselhöhle herunter bis fast zum Bauchnabel. Dieser Fleck war so rot wie eine Tomate und brannte wie Feuer. Es war ja auch Feuer, denn die Brandblasen waren so groß wie meine Handfläche. Ich litt ... Herr Dr. Messer – mein Gynäkologe – war auch sprachlos und sagte dazu mit großen Augen „nichts".

Ab ca. der 15. Bestrahlung und dann noch Wochen darüber hinaus zog ich immer zuerst ein Unterhemd, ein T-Shirt und dann erst einen Büstenhalter an, anders wäre es gar nicht gegangen. Dass die Stellen sich fast komplett zurückbilden würden, bewahrheitete sich zum Teil. Es ist zwar gut verheilt, aber die Stellen bleiben natürlich verbrannt, und die Haut ist dort jetzt im ganzen dunkler, wenn das der Preis ist, dass der Krebs wegbleibt, soll es mir egal sein. An dieser Stelle ist – primär gesehen – meine Genesung nun abgeschlossen.

Hier hänge ich so meinen Gedanken nach. WAS ist das für eine Seuche – dieser Krebs? Wir –na ich jetzt weniger – fliegen zum Mond, umkreisen die Erde, klonen Fanny, (oder wie hieß das Schaf), aber an Krebs sterben immer noch viel zu viele Menschen. Wäre das nicht mal eine Herausforderung von Staatsseite wegen? Anstatt in Aufrüstung, Atom etc. zu investieren, wäre es das nicht? HAALLOOO ??? HÖRT MICH JEMAND ??? Es wird so oft an dem Rädchen Gesundheitsreform gedreht, aber meines Erachtens nach „in die falsche Richtung". Nun gut, ich bin trotzdem erst mal dem Sensenmann entkommen und ich danke allen Beteiligten, die mir geholfen haben, diese schlimme Zeit durchzustehen – medizinisch wie menschlich gesehen, und ich danke auch dem lieben Gott. Nach einer kurzen Eingliederungsphase arbeite ich jetzt wieder in Vollzeit und all das hat was von wunderschöner „Normalität". Von meiner Kur, wobei die Anreise auch schon wieder fast ein Krimi war, erzähle ich euch, wenn ihr mögt, vielleicht ein anderes Mal.